Prazer Feminino Absoluto: Guia definitivo para ele

Bem-vindo ao "Prazer Feminino Absoluto: Guia definitivo para ele". Este guia foi elaborado para homens que desejam aprofundar sua compreensão do prazer feminino e proporcionar à sua parceira uma experiência sexual plena e satisfatória.

Muitas vezes, a sexualidade está centrada no prazer masculino, deixando as necessidades e desejos das mulheres relegados para segundo plano. No entanto, é essencial reconhecer que o prazer feminino é igualmente importante e que as mulheres merecem estar plenamente satisfeitas e realizadas durante o ato sexual.

Este guia é um apelo a uma mudança de perspectiva, a uma revolução na forma como abordamos a sexualidade. Oferece uma abordagem holística ao prazer feminino, enfatizando a escuta, a comunicação e o respeito mútuo.

Através das páginas deste guia, exploraremos as diferentes facetas do prazer feminino, desde as preliminares ao orgasmo, incluindo a comunicação aberta e a conexão emocional. Desconstruiremos os mitos e estereótipos que cercam a sexualidade feminina e aprenderemos a reconhecer e responder às necessidades únicas de cada mulher.

Ao compreender melhor os desejos e sensações dos nossos parceiros, podemos criar experiências sexuais mais enriquecedoras e satisfatórias para todos.

Este guia não é apenas um manual prático, mas também um apelo à ação. É um convite a alargar os nossos horizontes, a desafiar normas e expectativas e a cultivar relações sexuais mais igualitárias e satisfatórias.

Juntos podemos criar um mundo onde o prazer feminino seja celebrado, honrado e priorizado. Prepare-se para descobrir o poder transformador do prazer feminino e tornar-se uma parceira mais atenta, mais compassiva e mais realizada na sua vida sexual e relacional.

1. Compreendendo o orgasmo feminino

2. Desmascarando mitos sobre o prazer feminino

3. Ouça e compreenda as necessidades da mulher

4. Desconstruir pressões sociais e culturais

5. Redefinir a sexualidade em um relacionamento

6. Crie uma comunicação aberta e honesta

7. Explore a complexidade da sexualidade feminina

8. A arte das preliminares: despertando os sentidos

9. Técnicas de estimulação da zona erógena feminina

10. Caminhos para o Prazer: Compreendendo as Preferências Individuais

11. Toque e Carícias: Desperte a Sensualidade

12. Comunicação Não-Verbal na Intimidade

13. Crie um ambiente de confiança e segurança

14. Explorando bloqueios emocionais

15. Práticas de Mindfulness no Ato Sexual

16. Libere fantasias e desejos ocultos

1. Compreendendo o orgasmo feminino: além dos mitos e realidades

O orgasmo feminino, embora muitas vezes envolto em mistério e mal-entendidos, é um tema crucial para a compreensão da sexualidade humana. Ao longo dos séculos, tem sido abordado com curiosidade, fascínio e, por vezes, até com um certo desprezo. No entanto, a compreensão da complexidade do orgasmo feminino vai muito além dos clichês e estereótipos culturais; é uma exploração profunda da sensualidade, psicologia e fisiologia das mulheres.

Para compreender o orgasmo feminino é necessário desconstruir os mitos que o cercam. Muitas vezes é considerado um fenômeno misterioso, difícil de alcançar e compreender. Essa percepção é alimentada por uma cultura que valoriza o desempenho e a velocidade, muitas vezes relegando o prazer feminino para segundo plano.

Contudo, o orgasmo feminino está longe de ser um evento esotérico reservado a poucos escolhidos. É um processo fisiológico complexo que pode variar de mulher para mulher, mas é acessível a todos. Compreender o orgasmo feminino significa reconhecer a sua diversidade e riqueza, e rejeitar a ideia de que só existe uma forma "correta" de o conseguir.

Uma das chaves para compreender o orgasmo feminino é a comunicação. Muitas vezes, as mulheres sentem-se constrangidas ou envergonhadas de discutir abertamente o seu prazer sexual, o que pode levar à falta de compreensão mútua entre os parceiros. A comunicação aberta e honesta é essencial para explorar os desejos e necessidades de cada um e para criar um espaço onde o prazer possa florescer sem inibição ou julgamento.

Além disso, é importante reconhecer que o orgasmo feminino não se limita às sensações físicas; está profundamente ligado ao estado emocional e psicológico da mulher. Fatores como estresse, ansiedade e traumas passados podem ter um impacto significativo na capacidade da mulher de atingir o orgasmo. Ao compreender e respeitar estas dimensões emocionais, os parceiros podem criar um ambiente propício à realização sexual e emocional.

Outra dimensão frequentemente negligenciada do orgasmo feminino é o seu potencial de crescimento e cura pessoal. Para muitas mulheres, explorar a sua própria sensualidade e prazer é um ato de empoderamento e de recuperação do seu próprio corpo. É um caminho para a autodescoberta e a autoafirmação que pode transformar profundamente a relação da mulher com a sua própria sexualidade e com o seu parceiro.

Compreender o orgasmo feminino é mais do que apenas uma busca pelo conhecimento anatômico; é uma exploração da sensualidade, intimidade e conexão humana. É um apelo para reconhecer e celebrar a diversidade do prazer feminino e para criar relações sexuais e emocionais que sejam igualitárias, respeitosas e gratificantes para todos os parceiros. Ao abraçar esta visão inclusiva do prazer feminino, podemos embarcar numa jornada rumo a uma sexualidade mais plena, mais equilibrada e mais autêntica.

2. Desmascarando mitos sobre o prazer feminino

No mundo da sexualidade, o prazer feminino tem sido frequentemente envolto em mistério, mal-entendidos e até estereótipos. Apesar dos avanços na nossa compreensão da sexualidade humana, persistem muitos mitos em torno do prazer das mulheres. É imperativo desmascarar estes equívocos e promover uma visão mais realista e inclusiva do prazer feminino.

Um dos mitos mais comuns é a ideia de que o orgasmo feminino é difícil e raro. Esta crença é muitas vezes perpetuada pelas representações mediáticas da sexualidade, que enfatizam o desempenho e a satisfação masculinos. Na realidade, a capacidade das mulheres de atingir o orgasmo varia de pessoa para pessoa e pode ser influenciada por uma infinidade de fatores, incluindo ambiente, emoções e qualidade do relacionamento.

Outro mito comum é que o orgasmo vaginal é superior ao orgasmo clitoriano. Este equívoco foi amplamente desacreditado pelos especialistas em sexualidade. Na verdade, a maioria das mulheres precisa de estimulação clitoriana para atingir o orgasmo, ressaltando a importância do clitóris na sexualidade feminina. Compreender e valorizar esta realidade é essencial para a realização e satisfação da sexualidade.

Um terceiro mito diz respeito à duração do orgasmo feminino. Ao contrário da crença popular, os orgasmos das mulheres não são necessariamente mais curtos que os dos homens. Muitas mulheres são capazes de experimentar orgasmos múltiplos e prolongados, especialmente quando as condições conduzem à realização sexual. Ao reconhecer a diversidade das experiências orgásticas femininas, podemos quebrar os equívocos e as expectativas irrealistas que cercam o prazer das mulheres.

Outro mito persistente é que o prazer feminino está centrado exclusivamente na penetração vaginal. Esta noção estreita da sexualidade feminina negligencia a riqueza e a diversidade dos prazeres sexuais que as mulheres podem experimentar. O prazer do clitóris, a massagem erótica, a dramatização e as fantasias são parte integrante da sexualidade feminina e vale a pena explorar e celebrar.

Finalmente, um último mito diz respeito à capacidade das mulheres de expressarem os seus desejos e necessidades sexuais. Muitas vezes, as mulheres são desencorajadas de reivindicar o seu próprio prazer e são forçadas a conformar-se às expectativas sociais e culturais. Esta falta de reconhecimento e autonomia pode dificultar o desenvolvimento de uma sexualidade plena e satisfatória. É portanto crucial promover uma cultura de consentimento, comunicação aberta e gentileza para com os desejos e limites de cada pessoa.

Desmascarar os mitos sobre o prazer feminino é um primeiro passo essencial para uma sexualidade mais igualitária, respeitosa e satisfatória. Ao desafiar os conceitos errados e valorizar a diversidade das experiências sexuais das mulheres, podemos criar um ambiente onde o prazer feminino é celebrado e priorizado. Isto requer um compromisso colectivo para reconhecer e respeitar a sexualidade das mulheres em toda a sua complexidade e beleza. Ao abraçar uma visão mais realista e inclusiva do prazer feminino, podemos preparar o caminho para relações sexuais mais gratificantes, satisfatórias e enriquecedoras para todos os parceiros.

3. Ouvir e compreender as necessidades das mulheres: uma chave para satisfazer relacionamentos

Nas nossas interações humanas, ouvir e compreender as necessidades dos outros é de suma importância. No entanto, quando se trata das necessidades das mulheres, muitas vezes assume um significado especial. As mulheres, em muitas culturas e sociedades, têm sido historicamente incompreendidas, com as suas necessidades e desejos muitas vezes relegados para segundo plano.

Primeiro, é essencial reconhecer que as necessidades das mulheres podem ser diversas e complexas. Como todos os seres humanos, aspiram ser ouvidos, compreendidos e respeitados nas suas escolhas e desejos. No entanto, muitas vezes, as expectativas sociais e as normas de género limitam a sua capacidade de se expressarem plenamente. É portanto imperativo criar espaços onde as mulheres se sintam seguras para partilhar os seus pensamentos, emoções e necessidades sem medo de julgamento ou repercussões negativas.

No contexto das relações interpessoais, a escuta ativa é um elemento fundamental para a compreensão das necessidades das mulheres. Isso significa prestar atenção sincera ao que dizem, mas também ao que não dizem. Muitas vezes, as necessidades das mulheres são expressas de forma subtil, através de sinais não-verbais ou sinais emocionais. Ao prestar atenção a estes sinais, os parceiros podem desenvolver uma ligação mais profunda e autêntica, baseada na confiança e na compreensão mútua.

Um aspecto crucial para ouvir e compreender as necessidades das mulheres é validar as suas experiências e emoções. Muitas vezes, as mulheres são marginalizadas ou minimizadas quando expressam preocupações ou frustrações. É importante reconhecer que cada experiência feminina é única e merece ser ouvida e respeitada. Ao proporcionar um espaço para uma escuta empática e sem julgamentos, os parceiros podem fortalecer a sua ligação emocional e promover um clima de apoio mútuo na relação.

No contexto profissional, ouvir e compreender as necessidades das mulheres é também essencial para promover a igualdade e inclusão de género. As mulheres enfrentam frequentemente desafios únicos no local de trabalho, tais como discriminação, assédio e disparidades salariais. Ao reconhecer e abordar estas questões, os empregadores podem criar um ambiente de trabalho mais equitativo que apoie mais o sucesso das mulheres. Isto pode resultar em políticas de recursos humanos mais inclusivas, programas de mentoria e desenvolvimento profissional especificamente concebidos para mulheres, bem como numa cultura organizacional que valorize a diversidade e a inclusão.

A nível social e político, ouvir e compreender as necessidades das mulheres é fundamental para promover a mudança e a igualdade. As mulheres são frequentemente as principais vítimas da injustiça social, da violência e da marginalização. É, portanto, crucial que as políticas e programas governamentais tenham em conta as suas necessidades específicas e trabalhem para eliminar obstáculos sistémicos ao seu desenvolvimento. Isto pode ser alcançado através de medidas como o desenvolvimento de leis sobre a igualdade de género, o financiamento de programas de apoio às mulheres e a promoção da representação feminina nos órgãos de decisão.

Ouvir e compreender as necessidades das mulheres é um imperativo moral e social. Isto requer um compromisso contínuo para desafiar as normas de género prejudiciais, promover a igualdade de género em todos os aspectos da vida e criar espaços onde as vozes das mulheres sejam ouvidas e valorizadas. Ao reconhecer a riqueza e a diversidade das experiências das mulheres, podemos construir relações, comunidades e sociedades mais justas, inclusivas e gratificantes para todos.

4. Desconstruindo as pressões sociais e culturais: rumo à liberdade autêntica

Na complexa estrutura da sociedade, as pressões sociais e culturais exercem uma influência profunda nas nossas vidas, nos nossos comportamentos e nas nossas identidades. Estas pressões são muitas vezes invisíveis, integradas no próprio tecido da nossa existência quotidiana e podem moldar as nossas escolhas, aspirações e percepções de nós próprios e dos outros.

As pressões sociais e culturais manifestam-se de diferentes formas, muitas vezes através de normas implícitas ou explícitas que definem o que é considerado aceitável ou desejável numa determinada sociedade. Essas normas podem estar relacionadas a diversos aspectos da vida humana, como gênero, sexualidade, religião, raça, classe social e muitos outros. Eles criam expectativas e padrões de comportamento que influenciam a forma como agimos, pensamos e percebemos o mundo que nos rodeia.

Uma das pressões sociais mais difundidas é a relacionada com os papéis de género. Desde tenra idade, os indivíduos são condicionados a conformar-se às expectativas da sua sociedade com base no género que lhes foi atribuído. Os homens são frequentemente encorajados a serem fortes, estóicos e dominantes, enquanto as mulheres são encorajadas a serem gentis, atenciosas e submissas. Estas rígidas normas de género limitam a liberdade individual e perpetuam as desigualdades de género, atribuindo papéis e responsabilidades com base no sexo e não nas capacidades individuais.

Da mesma forma, as pressões culturais em torno da beleza e da aparência física podem ter um impacto devastador na autoestima e na saúde mental dos indivíduos. Em muitas sociedades, os padrões de beleza estão intimamente associados a características específicas como magreza, juventude e brancura da pele. Aqueles que não se enquadram nestes padrões podem sofrer estigma e discriminação, levando a consequências prejudiciais para o seu bem-estar emocional e psicológico.

Além disso, as pressões sociais e culturais também podem manifestar-se em expectativas de sucesso profissional e financeiro. Numa sociedade centrada na produtividade e no sucesso material, o valor de um indivíduo é muitas vezes medido com base no seu estatuto económico e prestígio social. Isto pode criar um clima de competição e comparação pouco saudável, onde a felicidade e a realização são muitas vezes sacrificadas em prol do sucesso profissional e financeiro.

Então, como podemos desconstruir estas pressões sociais e culturais e aceder a uma maior liberdade individual e colectiva? O primeiro passo é reconhecer e desafiar as normas e expectativas que nos foram impostas pela sociedade. Isto requer consciência crítica das nossas próprias crenças e comportamentos, bem como abertura a novas perspectivas e experiências.

Em seguida, é importante cultivar um espaço de diálogo e partilha onde as vozes marginalizadas e sub-representadas possam ser ouvidas e valorizadas. Isto pode ser feito através de discussões abertas e inclusivas, programas educativos centrados na sensibilização e na diversidade, bem como ações de defesa e mobilização comunitária destinadas a promover a igualdade e a justiça social.

Além disso, é essencial criar espaços seguros e afetuosos onde os indivíduos possam ser eles mesmos, sem medo de serem julgados ou estigmatizados. Isto pode significar a criação de comunidades inclusivas e acolhedoras, onde a diversidade é celebrada e todos se sentem livres para expressar a sua verdadeira identidade e necessidades.

A desconstrução das pressões sociais e culturais é um processo complexo e contínuo que requer um compromisso colectivo para desafiar normas e atitudes discriminatórias que limitam a nossa liberdade individual e colectiva. Ao reconhecer a diversidade das experiências humanas e ao valorizar a dignidade e o valor intrínseco de cada indivíduo, podemos criar um mundo onde a liberdade, a igualdade e a justiça sejam realidades tangíveis para todos.

5. Redefinindo a sexualidade em um relacionamento: rumo à intimidade autêntica

A sexualidade é um elemento fundamental de todo relacionamento humano. Representa muito mais do que uma simples expressão de desejo físico; incorpora a conexão profunda entre parceiros, nutrindo a intimidade emocional e espiritual dentro do relacionamento. No entanto, a forma como definimos e praticamos a sexualidade nas nossas relações é muitas vezes influenciada por normas sociais e expectativas culturais pré-estabelecidas.

Em primeiro lugar, é crucial reconhecer que a sexualidade é um aspecto dinâmico do relacionamento que evolui ao longo do tempo e das experiências dos parceiros. Muitas vezes, as expectativas e ideias pré-concebidas sobre o que deveria ser a sexualidade numa relação podem limitar a liberdade dos indivíduos para explorarem e expressarem-se plenamente. Ao redefinir a sexualidade, os parceiros podem criar um espaço onde se sentem livres para explorar o seu próprio desejo, o seu próprio prazer e os seus próprios limites, sem julgamento ou pressão externa.

Uma parte essencial da redefinição da sexualidade num relacionamento é a comunicação aberta e honesta entre os parceiros. A capacidade de expressar seus desejos, necessidades e limites é fundamental para estabelecer uma conexão autêntica e sexualmente equilibrada. Isto envolve ouvir as necessidades uns dos outros, respeitar os seus limites e procurar ativamente formas de nutrir a intimidade emocional e física.

Ao redefinir a sexualidade numa relação, também é importante reconhecer a diversidade de experiências sexuais e preferências individuais. Cada pessoa é única, com seus desejos, suas fantasias e seus limites. Ao honrar a diversidade das experiências sexuais, os parceiros podem criar um espaço inclusivo onde todos se sentem respeitados e valorizados na sua singularidade.

Além disso, redefinir a sexualidade numa relação envolve muitas vezes ir além dos estereótipos de género e das expectativas tradicionais dos papéis sexuais. Muitas vezes, os homens são encorajados a comportar-se de forma dominante e agressiva na cama, enquanto se espera que as mulheres sejam passivas e receptivas. Ao desafiar estas normas restritivas de género, os parceiros podem explorar novos modelos de sexualidade que reflectem a sua própria identidade e valores, em vez dos impostos pela sociedade.

Outra dimensão importante da redefinição da sexualidade em um relacionamento é explorar o prazer mútuo e a satisfação sexual. A sexualidade não deve ser unilateral, mas sim uma troca igual de desejo, prazer e expressão emocional. Pode ser necessário um investimento de tempo e esforço para conhecer as preferências de cada um, descobrir o que os entusiasma e satisfaz e procurar ativamente formas de satisfazer as suas necessidades.

Finalmente, redefinir a sexualidade num relacionamento muitas vezes envolve cultivar uma conexão emocional profunda que vai além da mera satisfação física. A sexualidade pode ser uma forma poderosa de fortalecer os laços emocionais entre parceiros, nutrir a confiança e a segurança emocional e criar uma sensação de proximidade e intimidade partilhada. Ao investir na qualidade do relacionamento como um todo, os parceiros podem criar um terreno fértil para a realização e enriquecimento da sexualidade que enriquece e fortalece a sua ligação emocional.

Redefinir a sexualidade num relacionamento é um processo contínuo e em evolução que requer um compromisso mútuo para explorar, comunicar e crescer juntos. Ao honrar a diversidade das experiências sexuais, indo além das expectativas culturais e de género, e cultivando uma ligação emocional profunda, os parceiros podem criar um espaço onde a sexualidade se torna uma expressão autêntica do seu amor, desejo e compromisso mútuos. É nesta intimidade partilhada que se encontra a verdadeira essência das relações humanas.

6. Crie uma comunicação aberta e honesta: a base de relacionamentos saudáveis

A comunicação é o pilar sobre o qual se baseiam todas as relações humanas. É através da comunicação que compartilhamos nossos pensamentos, emoções, desejos e necessidades com outras pessoas. Contudo, a comunicação eficaz vai muito além de simples trocas verbais; envolve também escuta ativa, compreensão empática e respeito mútuo.

A comunicação aberta e honesta depende de transparência e autenticidade. Isto significa ser capaz de se expressar livremente sem medo de ser julgado ou rejeitado, ao mesmo tempo que está disposto a ouvir ativamente as opiniões e perspectivas dos outros. Esta abertura permite-nos construir relações baseadas na confiança, no respeito e na compreensão mútua.

Nos relacionamentos românticos, a comunicação aberta e honesta é essencial para manter uma conexão emocional profunda e duradoura. Isto envolve ser capaz de partilhar os seus sentimentos, preocupações e desejos com o seu parceiro, bem como ouvir atentamente o que ele tem a dizer em troca. Ao promover um diálogo aberto e respeitoso, os parceiros podem superar conflitos, fortalecer o seu vínculo emocional e cultivar um sentimento de segurança emocional no relacionamento.

Nas relações familiares, a comunicação aberta e honesta é igualmente crucial para promover um ambiente familiar saudável e equilibrado. Isto envolve ser capaz de expressar as próprias necessidades e limites de uma forma clara e respeitosa, ao mesmo tempo que está aberto a ouvir as preocupações e perspectivas de outros membros da família. Ao criar um espaço onde todos se sintam ouvidos e valorizados, as famílias podem fortalecer os seus laços emocionais e superar desafios juntos.

No local de trabalho, a comunicação aberta e honesta é essencial para promover um clima de confiança, colaboração e produtividade. Isto envolve ser capaz de dar e receber feedback construtivo, resolver conflitos de forma eficaz e manter linhas de comunicação abertas entre os membros da equipe. Ao incentivar uma cultura de transparência e respeito mútuo, as organizações podem promover a inovação, a criatividade e o bem-estar dos colaboradores.

Nas interações sociais, a comunicação aberta e honesta é fundamental para estabelecer relacionamentos autênticos e significativos com outras pessoas. Isto envolve ser capaz de partilhar ideias, experiências e opiniões de forma sincera e respeitosa, estando aberto a ouvir as diferentes e divergentes perspectivas dos outros. Ao promover o diálogo aberto e inclusivo, os indivíduos podem construir pontes entre diferentes culturas, crenças e experiências e promover um sentido de unidade e compreensão mútua na sociedade.

Criar uma comunicação aberta e honesta requer um compromisso consciente de cultivar habilidades de comunicação eficazes e de praticar a empatia e a gentileza em todas as nossas interações com os outros. Isto significa estar disposto a ouvir ativamente, suspender o julgamento e procurar um terreno comum mesmo nas situações mais difíceis. Ao promover uma comunicação aberta e honesta, podemos construir relações mais profundas, mais enriquecedoras e mais significativas com os outros, e criar um mundo onde todos se sintam ouvidos, valorizados e respeitados na sua própria singularidade.

7. Explorando a complexidade da sexualidade feminina: além dos mitos e dos estereótipos

A sexualidade feminina é um tema rico e complexo que há muito tempo está envolto em mistério, tabus e mal-entendidos. Embora a sociedade moderna tenha progredido na compreensão e aceitação da sexualidade, muitos estereótipos persistem e limitam a discussão aberta e honesta deste tema crucial.

O primeiro passo para explorar a complexidade da sexualidade feminina é reconhecer e desconstruir os mitos e estereótipos que a rodeiam. Muitas vezes, a sexualidade feminina é reduzida a clichês simplistas e limitantes, que não captam a riqueza e a diversidade das experiências individuais. Por exemplo, a ideia errada de que as mulheres não têm tanto desejo sexual como os homens está profundamente enraizada em muitas culturas, apesar das evidências empíricas mostrarem que as mulheres têm uma variabilidade natural na sua libido, tal como os homens.

Da mesma forma, a sexualidade feminina é muitas vezes vista através do prisma da penetração e do orgasmo vaginal, relegando outras formas de prazer e expressão sexual para segundo plano. Esta visão estreita da sexualidade feminina ignora a realidade de que muitas mulheres encontram prazer através da estimulação do clitóris, da dramatização, das fantasias e de outras formas de expressão sexual que vão muito além do sexo.

Ao explorar a complexidade da sexualidade feminina, é também importante reconhecer os desafios e obstáculos que as mulheres podem enfrentar na exploração do seu próprio desejo e prazer. Normas culturais restritivas, expectativas rígidas de género e representações estereotipadas nos meios de comunicação social podem contribuir para a supressão do desejo feminino e para a estigmatização da expressão sexual feminina. Além disso, as mulheres podem enfrentar barreiras fisiológicas e psicológicas que afetam a sua capacidade de experimentar prazer e realização sexual, tais como dor durante o sexo, distúrbios do desejo sexual e traumas passados.

No entanto, apesar destes desafios, a sexualidade feminina também está imbuída de potencial, resiliência e possibilidades de realização. As mulheres têm a capacidade inata de explorar os seus próprios corpos, os seus desejos e fantasias, e de prosperar na sua sexualidade de forma autêntica e gratificante. Ao abraçar uma visão inclusiva da sexualidade feminina, que reconheça a diversidade de experiências e identidades sexuais, podemos criar um ambiente onde as mulheres se sintam livres para explorar o seu próprio desejo e prazer sem vergonha ou julgamento.

Finalmente, explorar a complexidade da sexualidade feminina requer um compromisso contínuo para desafiar as normas sociais e culturais restritivas que limitam a liberdade sexual das mulheres. Isto requer uma educação sexual inclusiva, que ensine o consentimento, o prazer mútuo e a diversidade das experiências sexuais humanas. Requer também um diálogo aberto e respeitoso entre parceiros, onde as necessidades, desejos e limites de cada pessoa sejam ouvidos e respeitados.

Explorar a complexidade da sexualidade feminina é uma jornada que exige sensibilidade, empatia e abertura de espírito. É um apelo para reconhecer e celebrar a diversidade das experiências sexuais femininas e para criar um ambiente onde as mulheres se sintam livres para explorar o seu próprio desejo e prazer sem medo ou vergonha. Ao adoptarmos uma visão inclusiva da sexualidade feminina, podemos ajudar a criar um mundo onde cada indivíduo, independentemente da sua

8. A arte das preliminares: despertando os sentidos

No vasto panorama da intimidade humana, as preliminares são o início de uma sinfonia sensual, os primeiros toques na tela da experiência carnal. Muitas vezes negligenciadas ou subestimadas, as preliminares são, na verdade, uma parte essencial da exploração íntima entre parceiros. São o prelúdio que desperta os sentidos, que prepara o terreno para uma conexão mais profunda e enriquecedora.

As preliminares são muito mais do que apenas gestos de cortesia ou simples passos pré-sexo. Representam uma fase crucial da interação sexual, onde os parceiros se conectam a nível emocional, físico e psicológico. As preliminares criam um espaço onde a exploração mútua, a sensualidade e a descoberta podem prosperar, permitindo que os parceiros se entreguem a uma experiência íntima mais plena e satisfatória.

No centro das preliminares está a arte de despertar os sentidos. É uma dança sutil de toques, beijos, carícias e palavras doces, destinada a estimular os sentidos e despertar o desejo. Cada gesto, cada respiração, cada olhar é um convite à descoberta e à exploração, tanto para si como para os outros. As preliminares proporcionam um espaço seguro onde os parceiros podem se entregar à expressão de sua sensualidade e desejo, sem julgamento ou inibição.

As preliminares também são uma oportunidade para cultivar uma profunda conexão emocional entre parceiros. É um momento em que as palavras se tornam carícias, onde os olhares se tornam promessas, onde os gestos se tornam declarações de amor. Ao reservar um tempo para se conectar emocionalmente antes de explorar a intimidade física, os parceiros fortalecem sua conexão emocional e criam um espaço de confiança e segurança mútua.

Um componente essencial da arte das preliminares é a comunicação. É através da comunicação que os parceiros podem expressar os seus desejos, limites e fantasias, e garantir que a experiência íntima seja mutuamente satisfatória e enriquecedora. A comunicação aberta e honesta também ajuda a fortalecer a ligação entre parceiros, promovendo um clima de compreensão e respeito mútuo.

As preliminares também oferecem a oportunidade de explorar a sensualidade em todas as suas formas. É um momento em que os parceiros podem se entregar à experiência sensorial, explorando as texturas, cheiros, sons e sabores ao seu redor. Seja através de uma massagem sensual, de um perfumado banho de espuma ou simplesmente de se perder no olhar de outra pessoa, as preliminares convidam à celebração da sensualidade e da beleza do corpo humano.

Por fim, as preliminares são uma oportunidade para desacelerar e saborear o momento presente. Num mundo muitas vezes marcado pela pressa e pela precipitação, as preliminares oferecem um contrapeso, um espaço onde o tempo parece suspenso, onde cada momento é saboreado e apreciado. Ao reservar um tempo para se perder nas sensações e emoções do momento, os parceiros podem criar memórias íntimas e preciosas que ficarão com eles para sempre.

A arte das preliminares é um aspecto essencial da intimidade humana, uma dança sutil de desejo, conexão e descoberta. As preliminares oferecem um espaço onde os parceiros podem se conectar nos níveis emocional, físico e sensorial, cultivando uma intimidade profunda e significativa. Ao abraçar a arte das preliminares, os parceiros podem enriquecer a sua experiência íntima, aprofundar a sua ligação emocional e criar memórias íntimas que durarão a vida toda.

9. Técnicas de estimulação da zona erógena feminina: explorando o mapeamento do prazer

Na fascinante jornada da sexualidade humana, a estimulação das zonas erógenas femininas representa uma exploração íntima do mapeamento do prazer. Zonas erógenas são áreas do corpo com maior sensibilidade que podem desencadear intensas respostas fisiológicas e emocionais quando estimuladas.

O primeiro passo para compreender as técnicas de estimulação da zona erógena feminina é reconhecer a diversidade dessas zonas em todo o corpo. Ao contrário da crença popular, as zonas erógenas não se limitam apenas à área genital. É claro que o clitóris, os lábios e o ponto G são zonas de prazer bem conhecidas, mas o corpo feminino contém uma infinidade de outras áreas sensíveis, incluindo pescoço, orelhas, seios, costas, parte interna das coxas e até pés. Cada mulher é única nas suas preferências e sensibilidades, o que torna a exploração das zonas erógenas femininas ainda mais rica e fascinante.

Uma das técnicas mais utilizadas para estimular as zonas erógenas femininas é a massagem sensual. A massagem permite uma exploração táctil suave e descontraída do corpo, promovendo o relaxamento e o despertar dos sentidos. O uso de óleos essenciais perfumados pode adicionar uma dimensão extra de sensualidade à experiência, estimulando tanto o olfato quanto o tato. Ao explorar cada curva e contorno do corpo, os parceiros podem criar um espaço íntimo onde prazer e conexão se misturam perfeitamente.

Outra técnica para estimular as zonas erógenas femininas é o uso da boca e da língua. Beijos apaixonados, lambidas suaves e mordidinhas leves podem criar sensações deliciosamente eletrizantes por todo o corpo. O pescoço, as orelhas e os lábios são particularmente sensíveis a este tipo de carícias, mas a exploração pode estender-se a outras partes do corpo dependendo das preferências individuais da mulher. A chave está em ouvir atentamente os sinais corporais e as reações de prazer do parceiro.

A estimulação do clitóris, muitas vezes considerada o epicentro do prazer feminino, merece atenção especial. O clitóris é um órgão incrivelmente sensível, com um grande número de terminações nervosas. As técnicas de estimulação podem variar dependendo das preferências individuais, mas geralmente incluem movimentos circulares, fricção suave e pressão rítmica. O uso de lubrificantes à base de água pode facilitar os movimentos e tornar a experiência mais confortável e agradável para a mulher.

Ao explorar as zonas erógenas femininas, é importante ter em mente que a estimulação sexual é um processo holístico que abrange corpo, mente e alma. A atmosfera, o humor e as emoções desempenham um papel crucial na experiência do prazer. Criar um ambiente seguro, íntimo e respeitoso é essencial para permitir que a mulher se sinta confortável e relaxada, promovendo assim uma experiência sexual positiva e gratificante.

As técnicas para estimular as zonas erógenas femininas oferecem um terreno fértil para a exploração e descoberta íntima. Ao reservar um tempo para ouvir, experimentar e comunicar-se abertamente com seu parceiro, todos podem participar de uma jornada de prazer compartilhado e conexão profunda. Explorar as zonas erógenas femininas é um convite à descoberta da riqueza e da complexidade da sexualidade humana, uma viagem que pode enriquecer e aprofundar significativamente a intimidade sexual.

10. Caminhos para o Prazer: Compreendendo as Preferências Individuais

No vasto território da intimidade humana, o prazer é um enigma complexo, tecido a partir de desejos, preferências e experiências únicas de cada indivíduo. Compreender os caminhos para o prazer envolve uma exploração profunda das preferências individuais, das nuances sutis que moldam a nossa experiência íntima e influenciam as nossas interações com os outros.

Para compreender os caminhos para o prazer, é essencial reconhecer que o prazer é um fenómeno subjetivo, influenciado por uma multiplicidade de fatores, incluindo história pessoal, cultura, crenças e experiências passadas. O que desperta prazer em uma pessoa pode não ter necessariamente o mesmo efeito em outra. Portanto, é importante adotar uma abordagem inclusiva e aberta para explorar diferentes caminhos para o prazer e reconhecer a diversidade de experiências íntimas.

Um componente essencial para compreender os caminhos para o prazer é reconhecer a importância da exploração e da comunicação nos relacionamentos íntimos. Cada indivíduo tem as suas próprias preferências, os seus próprios limites e os seus próprios desejos, e é crucial criar um espaço onde essas preferências possam ser livremente expressas e respeitadas. A comunicação aberta e honesta desempenha um papel fundamental neste processo, permitindo aos parceiros partilhar os seus desejos e necessidades de forma transparente e sem julgamento.

Os caminhos para o prazer podem assumir muitas formas, desde expressões físicas de desejo até manifestações emocionais e psicológicas de prazer. Para alguns, o prazer pode ser encontrado em simples gestos de ternura e carinho, em palavras doces e olhares conhecedores. Para outros, o prazer pode ser mais físico, expresso através de carícias sensuais, abraços apaixonados e explorações íntimas do corpo.

Compreender as formas de prazer envolve também uma exploração da sexualidade humana em toda a sua diversidade. As preferências sexuais variam de pessoa para pessoa e é importante respeitar e valorizar esta diversidade. Seja através de práticas sexuais convencionais ou de formas mais alternativas de expressão, cada indivíduo tem o direito de explorar e vivenciar a sua sexualidade de uma forma autêntica e satisfatória, desde que isso seja feito com respeito pelo consentimento e pelo bem-estar de todos os parceiros envolvidos.

Outra dimensão importante dos caminhos do prazer é a sensibilidade às mudanças nas necessidades e desejos de cada indivíduo. O prazer não é estático; ele evolui ao longo do tempo e das experiências de vida. Portanto, é essencial estar atento aos sinais e indicações do seu parceiro e estar pronto para adaptar e ajustar as interações íntimas em conformidade. A empatia e a sensibilidade desempenham um papel crucial na criação de um espaço onde o prazer pode ser partilhado e explorado de forma autêntica e respeitosa.

Finalmente, compreender os caminhos para o prazer significa reconhecer que o prazer não se limita à experiência individual, mas também pode ser partilhado e celebrado com um parceiro. A conexão íntima criada quando duas pessoas compartilham seus desejos e prazeres é profundamente enriquecedora e gratificante. Ao honrar e celebrar as preferências individuais de cada parceiro, os caminhos para o prazer tornam-se caminhos para uma intimidade mais profunda, mais autêntica e mais gratificante.

Os caminhos para o prazer são tão vastos e variados quanto a própria experiência humana. Compreender estes caminhos envolve uma exploração profunda das preferências individuais, uma comunicação aberta e honesta e um compromisso de respeitar a diversidade de experiências íntimas. Ao abraçar a riqueza e a complexidade dos caminhos para o prazer, podemos criar relações íntimas que são profundamente satisfatórias, nutritivas e significativas, refletindo a beleza e a diversidade da experiência humana.

11.Toque e Carícias: Despertar a Sensualidade

O toque é uma linguagem universal, um meio pelo qual expressamos nosso amor, carinho e desejo. Carícias, gentis e intencionais, são as notas de uma sinfonia sensual que desperta nossos sentidos e nutre nossa alma

O tato é um dos sentidos mais primitivos e poderosos da humanidade. Desde o momento em que nascemos, o toque é a nossa primeira forma de comunicação com o mundo que nos rodeia. É a base da nossa experiência sensorial e desempenha um papel crucial no desenvolvimento das nossas relações interpessoais. As carícias, em particular, são um meio profundamente íntimo de comunicação não verbal, permitindo a expressão de uma gama complexa de emoções, sentimentos e desejos.

As carícias despertam a sensualidade estimulando os receptores sensoriais da pele, desencadeando respostas fisiológicas e emocionais em todo o corpo. Cada contacto, cada toque, é um convite à exploração e à descoberta, uma dança delicada entre duas almas que se tocam. As carícias são uma forma de arte, uma sinfonia de movimentos suaves e harmoniosos que celebram a beleza e a sensualidade do corpo humano.

A importância do toque e da carícia em nossos relacionamentos íntimos não pode ser exagerada. Eles são a base sobre a qual toda conexão emocional e física é construída. As carícias criam um espaço seguro e reconfortante onde os parceiros podem se entregar à expressão do carinho e do desejo, onde as paredes desmoronam e os corações se abrem. Fazem com que os parceiros se sintam amados, desejados e valorizados, fortalecendo assim o vínculo entre eles.

Abraçar também é uma forma poderosa de aliviar o estresse, a ansiedade e a tensão acumulada no corpo e na mente. Simplesmente deixar-se envolver por um abraço caloroso ou sentir os dedos deslizando suavemente pela pele pode proporcionar um alívio imediato e profundamente calmante. As carícias têm o poder de curar, confortar e nutrir, proporcionando refúgio num mundo muitas vezes atormentado por cuidados e preocupações.

A arte do toque e das carícias reside também na qualidade da atenção e da presença que trazemos ao próprio ato. As carícias não são simplesmente gestos mecânicos, mas sim expressões de amor, paixão e ternura. Exigem uma escuta atenta, sensibilidade às necessidades e desejos do nosso parceiro e um compromisso de estar totalmente presente no momento. As carícias devem ser oferecidas com generosidade e recebidas com gratidão, criando um círculo de dar e receber que nutre a alma e desperta a sensualidade.

A importância do toque e das carícias vai além da intimidade física. São uma forma de expressão artística, uma forma de comunicar o nosso amor e ligação com o mundo que nos rodeia. Seja através de um beijo apaixonado, de um abraço reconfortante ou de um toque terno, as carícias são a linguagem universal do amor, falando aos nossos corações de maneira profunda e significativa.

O toque e o carinho são partes essenciais da experiência humana, despertando a sensualidade, nutrindo relacionamentos e nutrindo a alma. São notas numa sinfonia sensual que celebra a beleza e a diversidade da experiência humana. Ao cultivar uma prática consciente de toque e carícia, podemos enriquecer as nossas vidas e os nossos relacionamentos, criando um mundo onde o amor, a ternura e a ligação são celebrados e valorizados em toda a sua glória.

12. Comunicação Não-Verbal na Intimidade: As Linguagens Silenciosas do Amor

No centro de cada conexão íntima está uma dança sutil de gestos, olhares e toques – as linguagens silenciosas da comunicação não-verbal. Embora as palavras possam expressar muito, existe um domínio de expressão ainda mais profundo que transcende o verbal. Aqui, vamos explorar o significado e a importância da comunicação não-verbal na intimidade, examinando como essas linguagens silenciosas podem fortalecer laços emocionais, expressar desejos e criar uma conexão autêntica entre parceiros.

A comunicação não-verbal na intimidade manifesta-se através de uma variedade de canais, cada um carregando significados ricos e sutis. A linguagem corporal, as expressões faciais, os gestos e até a proximidade física formam uma complexa rede de sinais que falam diretamente às nossas emoções e sentidos. Estas expressões silenciosas são muitas vezes mais poderosas do que palavras, porque emergem do coração e da alma, revelando os nossos verdadeiros sentimentos de uma forma que a fala raramente consegue igualar.

A importância da comunicação não verbal na intimidade reside na sua capacidade de transcender as limitações da linguagem verbal. Às vezes, as palavras podem não conseguir expressar plenamente a profundidade das nossas emoções ou a complexidade do nosso desejo. É aqui que entram em jogo gestos, olhares e toques, agregando camadas de compreensão e conexão que ultrapassam os limites das frases formuladas. Quando os parceiros aprendem a ler estas línguas silenciosas, desenvolvem uma maior capacidade de compreensão mútua ao nível mais profundo.

A linguagem corporal, em particular, desempenha um papel essencial na comunicação não verbal na intimidade. A maneira como posicionamos nossos corpos, a maneira como nos tocamos e a maneira como respondemos fisicamente aos estímulos emocionais são manifestações de nossos estados mentais internos. Um abraço caloroso, um beijo apaixonado ou mesmo o simples toque de mãos podem expressar amor, conforto, paixão ou desejo de uma forma que as palavras nunca poderiam igualar.

As expressões faciais são uma janela direta para o nosso mundo emocional. Olhos que brilham de amor, um sorriso gentil ou uma expressão contemplativa podem comunicar sentimentos profundos sem pronunciar uma única palavra. Da mesma forma, uma expressão triste, uma carranca ou um olhar esquivo podem significar sofrimento emocional ou necessidade de compreensão. Ao estarem atentos a estes sinais subtis, os parceiros podem criar um espaço onde as emoções podem ser partilhadas e honradas sem a necessidade de uma conversa explícita.

Os gestos são outra forma poderosa de comunicação não verbal na intimidade. Um gesto terno, um movimento carinhoso ou um toque reconfortante são formas de demonstrar carinho e fortalecer vínculos afetivos. Gestos espontâneos, muitas vezes imbuídos de sinceridade, podem expressar amor de maneiras que vão além das convenções verbais. Eles criam intimidade instantânea, uma conexão emocional que transcende a necessidade de palavras para serem compreendidas.

A proximidade física, muitas vezes subestimada, é um elemento-chave da comunicação não verbal na intimidade. O simples ato de ficar perto do parceiro, sentindo o calor do corpo, cria uma profunda conexão física e emocional. É uma forma de partilhar espaço, de nos sentirmos mutuamente presentes de uma forma que transcende as barreiras físicas.

A importância da comunicação não-verbal na intimidade também reside na sua capacidade de transcender as barreiras linguísticas. Nas relações onde os parceiros falam línguas diferentes, as línguas silenciosas tornam-se uma ponte essencial para expressar amor, paixão e desejo. Estas expressões universais permitem que os casais se conectem além das palavras, criando uma intimidade que ultrapassa as fronteiras linguísticas.

A comunicação não-verbal íntima é um aspecto essencial da conexão humana, uma linguagem silenciosa que fala ao coração. Gestos, olhares, expressões faciais e proximidade física são formas poderosas de expressar amor, desejo e conexão emocional. Ao prestar atenção a estas linguagens silenciosas, os parceiros podem aprofundar a sua compreensão mútua, fortalecer as suas ligações emocionais e criar uma intimidade autêntica e gratificante.

13. Criando um ambiente de confiança e segurança: os fundamentos para relacionamentos satisfatórios

No complexo teatro das relações humanas, a confiança e a segurança são os pilares sobre os quais assenta toda ligação autêntica e gratificante. Quando os indivíduos se sentem seguros e confiantes nas suas interações com os outros, ficam livres para serem vulneráveis, autênticos e abertos. Vamos explorar a importância de criar um ambiente de confiança e segurança em nossos relacionamentos e como essas bases sólidas estimulam o crescimento pessoal, a compreensão mútua e a conexão profunda.

A confiança é a cola que une as relações humanas. É a profunda convicção de que se pode contar com a outra pessoa, que as suas intenções são sinceras e que o seu compromisso é autêntico. A confiança é construída lentamente, ao longo do tempo, através de interações consistentes, palavras e ações alinhadas. Quando a confiança está presente, os indivíduos sentem-se livres para serem eles mesmos, sem medo de julgamento ou rejeição.

A segurança emocional é igualmente crucial em qualquer relacionamento significativo. Sentir-se seguro significa ser capaz de expressar seus pensamentos, sentimentos e necessidades sem medo de represálias ou repercussões negativas. Significa ter a certeza de que suas emoções serão ouvidas, respeitadas e validadas. Quando os indivíduos se sentem seguros, é mais provável que partilhem as suas vulnerabilidades, procurem apoio e conectem-se autenticamente com outras pessoas.

A criação de um ambiente de confiança e segurança depende de vários elementos-chave. Primeiro, é essencial estabelecer limites claros e respeitosos nos relacionamentos. Os limites definem expectativas mútuas, esclarecem responsabilidades e protegem a integridade pessoal. Ao respeitar os limites da outra pessoa e comunicar abertamente os seus próprios, os indivíduos estabelecem uma estrutura segura onde a confiança pode florescer.

A comunicação aberta e honesta é outro pilar fundamental da confiança e segurança nos relacionamentos. A comunicação saudável envolve escuta ativa, expressão autêntica de emoções e resolução construtiva de conflitos. Ao partilharem os seus pensamentos e sentimentos de forma respeitosa e transparente, os indivíduos fortalecem a sua compreensão mútua e aprofundam a sua ligação emocional.

A consistência também é crucial para cultivar um ambiente de confiança e segurança. Palavras e ações devem estar alinhadas para construir uma base sólida de confiança. Quando os indivíduos podem contar com a confiabilidade e previsibilidade da outra pessoa, eles se sentem seguros no relacionamento e são mais propensos a compartilhar seus pensamentos mais profundos e emoções mais sinceras.

A validação e a empatia desempenham um papel fundamental na criação de um ambiente de confiança e segurança. Validação é reconhecer e aceitar as emoções da outra pessoa, mesmo que sejam diferentes das nossas. A empatia envolve colocar-se no lugar da outra pessoa, compreender suas perspectivas e experiências e expressar compaixão sincera. Quando os indivíduos se sentem ouvidos, compreendidos e apoiados, sentem-se seguros no relacionamento e têm maior probabilidade de se abrirem e partilharem o seu mundo interior.

Finalmente, a tolerância e o respeito mútuo são essenciais para criar um ambiente de confiança e segurança. As diferenças individuais devem ser celebradas e valorizadas, em vez de julgadas ou criticadas. Ao honrar a diversidade de experiências, perspectivas e opiniões, os indivíduos criam um espaço inclusivo onde todos se sentem aceites e respeitados por quem são.

Confiança e segurança são os alicerces sobre os quais todos os relacionamentos satisfatórios são construídos. Ao criar um ambiente onde a confiança pode florescer, onde a segurança emocional é garantida, os indivíduos podem conectar-se autenticamente uns com os outros, crescer juntos e florescer numa relação profunda e significativa. Ao investir na construção desses pilares, cultivamos relacionamentos duradouros e enriquecedores que nutrem nossa alma e iluminam nosso caminho para o crescimento pessoal e a conexão humana.

14. Explorando Bloqueios Emocionais: Desbloqueando o Potencial do Ser

No complexo labirinto da experiência humana, os bloqueios emocionais representam barreiras invisíveis que dificultam o nosso crescimento pessoal, limitam a nossa realização e dificultam a nossa capacidade de viver plenamente. Estes bloqueios, muitas vezes enraizados no passado e moldados pelas nossas experiências e interações, têm o poder de nos manter presos em padrões destrutivos de pensamento e comportamento, impedindo-nos de aceder ao nosso pleno potencial como seres humanos. Vamos examinar a natureza dos bloqueios emocionais, as suas origens e o seu impacto no nosso bem-estar, bem como as estratégias para os explorar, compreender e ultrapassar.

Os bloqueios emocionais se manifestam de várias formas, desde medo e ansiedade até raiva, tristeza e insegurança reprimidas. Eles são o produto de nossas experiências passadas, traumas não resolvidos, crenças limitantes e padrões de pensamento negativos. Esses bloqueios muitas vezes estão enraizados no inconsciente, agindo como pesos invisíveis que nos prendem e nos impedem de avançar em nossas vidas.

Explorar bloqueios emocionais começa com a tomada de consciência de sua presença. Muitas vezes é difícil reconhecer e admitir que estamos enfrentando bloqueios emocionais, pois eles podem estar profundamente enterrados em nossa psique e se manifestar de maneiras sutis por meio de nossos comportamentos, reações e relacionamentos. No entanto, prestando atenção às nossas emoções e padrões recorrentes, podemos começar a identificar áreas das nossas vidas onde estamos presos e explorar as origens desses bloqueios.

As origens dos bloqueios emocionais remontam à infância, onde experiências traumáticas ou padrões parentais disfuncionais podem ter plantado as sementes dos nossos padrões emocionais atuais. Traumas não resolvidos, como perda, abuso ou negligência, podem deixar cicatrizes profundas na nossa psique, colorindo as nossas percepções e interacções com o mundo que nos rodeia. Da mesma forma, crenças limitantes que internalizamos ao longo do tempo podem alimentar os nossos bloqueios emocionais, convencendo-nos da nossa própria incapacidade de mudar ou progredir nas nossas vidas.

Explorar bloqueios emocionais muitas vezes envolve revisitar essas experiências passadas, enfrentar a dor e a vulnerabilidade a elas associadas e encontrar maneiras de curá-las e transcendê-las. Isto pode exigir um trabalho interior profundo, muitas vezes facilitado por terapias como a terapia cognitivo-comportamental, terapia psicodinâmica, EMDR (dessensibilização e reprocessamento dos movimentos oculares) e outras abordagens focadas na cura e transformação de traumas.

Outra estratégia para explorar e superar bloqueios emocionais é a prática da atenção plena. A atenção plena nos permite observar nossos pensamentos, emoções e sensações corporais com curiosidade e compaixão, sem julgamento ou apego. Ao cultivar uma maior consciência dos nossos padrões emocionais e dos seus gatilhos, podemos começar a desenvolver uma maior resiliência emocional e encontrar formas mais adaptativas de responder ao stress e à adversidade.

Trabalhar em bloqueios emocionais também pode envolver a exploração de nossos padrões de relacionamento e de comportamento interpessoal. Muitas vezes, bloqueios emocionais podem se manifestar em nossos relacionamentos, sabotando nossa capacidade de formar conexões profundas e significativas com outras pessoas. Ao examinar nossos padrões de comunicação, apegos e medos de relacionamento, podemos começar a desconstruir os padrões que nos impedem e a criar relacionamentos mais saudáveis e gratificantes.

Explorar bloqueios emocionais é uma jornada profundamente pessoal e transformadora em direção à cura e ao crescimento pessoal. Ao reconhecer a existência destes bloqueios, explorar as suas origens e encontrar formas de os ultrapassar, podemos desbloquear todo o nosso potencial como seres humanos e viver vidas mais autênticas, mais gratificantes e mais alinhadas com os nossos valores e valores. nossas aspirações mais profundas. Ao abraçar esta jornada com coragem e mente aberta, podemos transformar os nossos desafios em oportunidades e as nossas feridas em fontes de força e resiliência.

15. Práticas de Mindfulness no Ato Sexual: Despertando a Consciência Sensual

O ato sexual, na sua forma mais profunda, é uma dança complexa de sensações, emoções e conexão íntima entre parceiros. No entanto, muitas vezes abordamos o sexo com uma mentalidade distraída, deixando os nossos pensamentos vaguearem para o passado ou futuro, em vez de nos imergirmos totalmente no momento presente. As práticas de mindfulness no ato sexual oferecem-nos uma oportunidade valiosa para cultivar a consciência profunda e a presença total na nossa experiência sexual, permitindo-nos conectar-nos mais profundamente connosco próprios e com o nosso parceiro. Vamos analisar juntos os princípios e benefícios das práticas de mindfulness no ato sexual, bem como as técnicas para integrá-los à nossa vida amorosa.

Mindfulness, em essência, é estar totalmente presente e consciente no momento, sem julgamento ou expectativa. Quando aplicamos este princípio à nossa experiência sexual, somos convidados a dirigir a nossa atenção para as nossas sensações corporais, emoções e pensamentos, e observá-los com curiosidade aberta. Em vez de deixarmos as nossas mentes vaguearem por preocupações ou distrações externas, concentramo-nos nas sensações físicas e emocionais que surgem durante o sexo, permitindo uma ligação mais profunda com os nossos corpos e com os do nosso parceiro.

Uma prática fundamental de atenção plena no ato sexual é prestar atenção à nossa respiração. A respiração é uma âncora valiosa no momento presente, trazendo-nos de volta ao nosso corpo e às nossas sensações sempre que a nossa mente começa a divagar. Ao nos tornarmos conscientes da nossa respiração durante o sexo, podemos cultivar uma presença mais profunda e centrada, permitindo-nos mergulhar totalmente na nossa experiência sensorial.

Outro aspecto essencial da prática da atenção plena no ato sexual é cultivar uma consciência sensorial aguda. Isto significa estar atento às sensações físicas que se desenrolam a cada momento: a textura da pele do nosso parceiro, o calor da sua respiração, a suavidade das suas carícias. Ao direcionar a nossa atenção para estas sensações subtis, podemos despertar uma maior sensibilidade e uma ligação mais profunda com o nosso próprio corpo e o do nosso parceiro.

A atenção plena no ato sexual também nos convida a estar conscientes de nossas emoções e de nossas reações emocionais durante a experiência. Em vez de reprimir ou julgar as nossas emoções, nós as acolhemos com aceitação amorosa e curiosidade aberta. Isto permite-nos explorar plenamente a complexa gama de emoções que podem surgir durante o sexo e utilizá-las como veículo para uma ligação mais profunda e autêntica com o nosso parceiro.

Uma prática avançada de atenção plena no ato sexual envolve também estar atento aos pensamentos e padrões mentais que podem surgir durante a experiência. Muitas vezes nossos pensamentos podem nos afastar do momento presente, mergulhando-nos em preocupações, lembranças do passado ou projeções futuras. Simplesmente observando-os sem nos apegarmos, podemos deixá-los passar e voltar à presença e à conexão com nosso parceiro.

Os benefícios das práticas de mindfulness no ato sexual são numerosos e variados. Em primeiro lugar, permitem-nos vivenciar o sexo com renovada intensidade e profundidade, enriquecendo assim a nossa experiência romântica e erótica. Além disso, promovem uma ligação mais profunda e autêntica com o nosso parceiro, fortalecendo assim os laços emocionais e a satisfação no relacionamento. Finalmente, ajudam-nos a cultivar uma autoconsciência mais profunda, permitindo-nos explorar os nossos desejos, limites e preferências sexuais com clareza e compaixão.

As práticas de mindfulness no ato sexual são um convite para vivenciar o sexo com profunda consciência e presença total. Ao cultivar a atenção plena às nossas sensações, emoções e pensamentos durante a experiência sexual, podemos despertar uma maior sensibilidade e uma ligação mais profunda connosco próprios e com o nosso parceiro. Ao abraçar esta prática com abertura e curiosidade, podemos enriquecer a nossa vida romântica e erótica, permitindo-nos experimentar o sexo com renovada profundidade, autenticidade e paixão.

16. Libere fantasias e desejos ocultos: ouse explorar o erotismo da alma

No jardim secreto do nosso ser existe um universo rico e fervilhante de fantasias e desejos, muitas vezes escondidos nos recantos mais íntimos da nossa mente. Estas aspirações secretas, estes sonhos eróticos que habitam os nossos pensamentos mais profundos, são uma manifestação da nossa complexa natureza humana e da nossa infinita capacidade de imaginar e explorar o mundo sensual que nos rodeia. No entanto, muitas vezes reprimimos essas fantasias e desejos, relegando-os às sombras da vergonha ou da culpa. Vamos explorar o significado e a importância de liberar nossas fantasias e desejos ocultos, bem como maneiras de recebê-los em nossas vidas com amor e aceitação.

Fantasias e desejos ocultos são parte integrante da nossa identidade sexual e emocional. Eles representam os aspectos mais profundos e íntimos do nosso ser, refletindo os nossos desejos mais profundos, os nossos medos mais sombrios e as nossas aspirações mais elevadas. Essas fantasias podem assumir muitas formas, desde devaneios eróticos até cenários de poder, submissão e dominação, e tudo mais. São uma expressão da nossa criatividade, da nossa curiosidade e da nossa procura de sentido na área da intimidade e da sensualidade.

No entanto, apesar da sua importância nas nossas vidas sexuais e emocionais, as fantasias e desejos ocultos são frequentemente rodeados de tabus e estigma. Em muitas culturas, a sexualidade ainda é considerada um tema tabu e as fantasias sexuais são frequentemente julgadas como imorais, desviantes ou vergonhosas. Este estigma pode levar-nos a reprimir as nossas fantasias mais profundas, escondendo-as até de nós próprios, por medo de julgamento ou desaprovação.

No entanto, reprimir as nossas fantasias e desejos ocultos pode ter consequências prejudiciais para o nosso bem-estar emocional e sexual. Ao nos recusarmos a explorar esses aspectos do nosso ser, privamo-nos da oportunidade de nos compreendermos melhor e de florescermos plenamente em nossas vidas íntimas. Além disso, reprimir fantasias pode levar a sentimentos de vergonha, culpa e autojulgamento, criando barreiras para uma sexualidade satisfatória e equilibrada.

Liberar nossas fantasias e desejos ocultos começa com o reconhecimento de sua legitimidade e importância em nossas vidas. Trata-se de reconhecer que as nossas fantasias são parte integrante da nossa experiência humana e que merecem ser exploradas e honradas com respeito e compaixão. Requer um ato de coragem e vulnerabilidade, um compromisso de enfrentar os nossos medos e incertezas e acolhê-los com amor e aceitação.

Uma maneira de liberar nossas fantasias e desejos ocultos é explorá-los por meios criativos e expressivos. Isso pode envolver escrever diários, criar artes visuais ou praticar meditação e visualização. Ao utilizar estes meios para explorar as nossas fantasias, podemos dar voz aos nossos desejos mais profundos, torná-los tangíveis e acessíveis e, assim, integrá-los mais plenamente na nossa vida quotidiana.

Outra abordagem é compartilhar nossas fantasias e desejos com um parceiro de confiança. Ao ter uma conversa honesta e aberta sobre as nossas fantasias, podemos criar um espaço de segurança e compreensão mútua onde os nossos desejos podem ser explorados e honrados. Isto requer uma comunicação clara e respeitosa, bem como uma vontade de ouvir e aceitar as fantasias do nosso parceiro sem julgamento ou crítica.

Finalmente, liberar nossas fantasias e desejos ocultos requer um ato de coragem e permissão pessoal. Significa dar-nos permissão para sermos autênticos, seguirmos os nossos desejos mais profundos e vivermos plenamente na plenitude do nosso ser. Significa também abraçar a nossa vulnerabilidade, reconhecer os nossos medos e incertezas e acolhê-los com amor e compaixão.

Liberar nossas fantasias e desejos ocultos é um ato de reivindicação de nosso poder pessoal e autonomia sexual. É um caminho rumo à descoberta de si e do outro, rumo à aceitação da nossa humanidade em toda a sua complexidade e diversidade. Ao abraçar as nossas fantasias e desejos ocultos com amor e aceitação, podemos expandir os nossos horizontes íntimos, enriquecer os nossos relacionamentos e viver plenamente na plenitude do nosso ser sensual.

17. O poder da masturbação feminina: recuperando a autonomia e a realização sensual

A masturbação feminina, muitas vezes envolta em mistério e tabu, é um ato de intimidade e autonomia que tem um significado profundo para mulheres em todo o mundo. É um ato que vai muito além da simples busca do prazer físico; é uma forma de as mulheres se conectarem com os seus próprios corpos, assumirem a responsabilidade pela sua sexualidade e explorarem as muitas facetas da sua sensualidade. Vejamos o poder da masturbação feminina, o seu impacto no bem-estar das mulheres e o seu papel na recuperação do seu poder sensual e sexual.

A masturbação feminina é um ato de autonomia sexual e emocional. É uma autoafirmação, uma declaração da autonomia das mulheres sobre os seus próprios corpos e o seu próprio prazer. Numa sociedade onde a sexualidade feminina é frequentemente reprimida ou objectificada, a masturbação oferece às mulheres um espaço seguro para explorar os seus desejos, fantasias e limites, longe dos olhares e julgamentos externos.

Ao se masturbar, a mulher aprende sobre seu próprio corpo, entende o que lhe dá prazer e explora sua sensualidade de forma íntima e pessoal. É um ato de autodescoberta, uma viagem para explorar as suas zonas erógenas, as suas fantasias mais profundas e a sua capacidade de se entregar ao prazer sem inibição ou restrição.

A masturbação feminina também é um ato de autonomia sexual. É uma afirmação do direito das mulheres de procurar e receber prazer, independentemente das expectativas sociais ou das normas culturais. Ao masturbarem-se, as mulheres assumem o controlo da sua própria sexualidade, afirmando o seu direito à autodeterminação e à realização sensual.

Além disso, a masturbação feminina é um ato de recuperação da sensualidade e sexualidade das mulheres. Numa cultura que muitas vezes objectiva o corpo feminino e limita a sexualidade das mulheres a normas estreitas e restritivas, a masturbação oferece às mulheres uma forma de recuperar a sua própria sensualidade, de celebrar o seu corpo em toda a sua diversidade e beleza, e de rejeitar estereótipos e expectativas externas que limitam. eles.

Além disso, a masturbação feminina é um ato de bem-estar e saúde sexual. Estudos demonstraram que a masturbação pode ter efeitos benéficos na saúde física e mental das mulheres, incluindo redução do stress, melhoria do humor, fortalecimento do sistema imunitário e promoção do sono. Além disso, a masturbação pode ajudar as mulheres a compreender melhor seus corpos e respostas sexuais, o que pode levar a um sexo mais satisfatório e gratificante com o parceiro.

Por fim, a masturbação feminina é um ato de prazer e alegria. É um momento de conexão íntima consigo mesma, um momento de relaxamento e prazer onde a mulher pode satisfazer os seus desejos mais profundos e as suas fantasias mais loucas. É uma celebração da sensualidade feminina, um hino à vida e à liberdade de ser plenamente você mesmo.

A masturbação feminina é muito mais do que apenas um ato sexual; é um ato de autonomia, recuperação e realização sensual. É uma forma das mulheres se conectarem com seus próprios corpos, seus próprios desejos e seus próprios prazeres, e celebrarem sua sensualidade em toda a sua glória. Ao abraçar o poder da masturbação feminina, as mulheres podem encontrar uma nova sensação de confiança, satisfação e poder na sua vida sexual e muito mais.

18. Cultive o erotismo na vida cotidiana: redescubra a beleza da vida sensual

Na rotina agitada da vida diária, é fácil perder de vista a dimensão erótica da nossa existência. Porém, o erotismo não está reservado apenas para momentos íntimos ou ocasiões especiais; é uma força viva que permeia todos os aspectos das nossas vidas se decidirmos reconhecê-la e cultivá-la. Vamos explorar a importância de cultivar o erotismo na nossa vida quotidiana, as formas como podemos incorporá-lo nas nossas vidas e os profundos benefícios que pode trazer ao nosso bem-estar físico, emocional e espiritual.

Cultivar o erotismo no dia a dia começa com uma mudança de perspectiva, uma abertura à beleza sensual que nos rodeia. É um convite a ver o mundo com novos olhos, a despertar os nossos sentidos para a riqueza das experiências sensoriais que nos rodeiam. O toque da brisa na nossa pele, o perfume inebriante das flores no jardim, o sabor requintado de uma refeição cuidadosamente preparada - todas estas experiências comuns podem tornar-se portais para o reino do erotismo se decidirmos abraçá-las com uma consciência desperta.

O erotismo cotidiano reside na capacidade de encontrar beleza e prazer nas pequenas coisas da vida. É reservar um tempo para saborear cada pedaço de fruta madura, para sentir a suavidade dos lençóis frescos contra a nossa pele, para absorver os detalhes requintados de um pôr do sol escaldante. É um estado de espírito que celebra a sensualidade e a vitalidade da existência humana, um lembrete constante da riqueza da experiência sensorial à nossa disposição em cada momento.

Cultivar o erotismo cotidiano também envolve nutrir nossos relacionamentos com atenção intencional e afeto profundo. É reservar um tempo para criar momentos de intimidade e conexão com nossos parceiros, para cultivar a cumplicidade e a cumplicidade que são a base de qualquer relacionamento gratificante. É também estar atento às necessidades e desejos do nosso parceiro, respondendo com ternura e sensibilidade aos seus apelos de amor, criando um espaço onde a energia erótica possa florescer e florescer.

O erotismo cotidiano também reside na criatividade e na exploração. É ousar pensar fora da caixa, desafiar convenções e expectativas, explorar novos caminhos de prazer e descoberta com uma mente aberta e aventureira. Isto pode assumir diversas formas, seja através da arte, da dança, da música, da culinária ou de outras formas de expressão criativa que nos permitam entrar em contato e expressar a nossa essência sensual de forma autêntica e livre.

Ao cultivar diariamente o erotismo, somos convidados a abraçar a nossa humanidade em toda a sua beleza e complexidade. É um ato de reivindicação do nosso direito inato ao prazer e à alegria, uma celebração da nossa capacidade de sentir e viver plenamente no mundo sensorial que nos rodeia. É também um lembrete poderoso do valor de cada momento da nossa vida, da preciosidade de cada sensação, de cada emoção, de cada experiência que cruza o nosso caminho.

Assim, cultivar o erotismo diariamente é um ato de amor consigo mesmo e com a própria vida. É um convite a abraçar a sensualidade e a beleza que nos rodeia, a criar momentos de profunda ligação e prazer requintado em todos os aspectos da nossa existência. Ao optar por viver com consciência erótica, descobrimos um mundo vibrante de possibilidades, onde cada momento é uma oportunidade para celebrar a magia e o esplendor da existência humana.

19. A arte da lentidão e da paciência: encontrando equilíbrio em um mundo agitado

Num mundo caracterizado pela velocidade e pela urgência, onde o tempo parece passar num ritmo frenético, a arte da lentidão e da paciência assume um significado especial. É um chamado para desacelerar, saborear cada momento, cultivar a presença consciente e redescobrir a riqueza do momento presente. Vejamos a importância da arte da lentidão e da paciência em nossas vidas, seus benefícios para o nosso bem-estar e formas práticas de incorporá-la em nosso dia a dia.

Numa sociedade onde a velocidade é frequentemente valorizada e a eficiência é considerada um modelo, a lentidão é muitas vezes vista como uma fraqueza ou um luxo supérfluo. No entanto, reservar um tempo para desacelerar e saborear cada momento pode ter efeitos profundos no nosso bem-estar físico, emocional e espiritual. É um convite para quebrar o ciclo da corrida desenfreada e abraçar a beleza da vida em toda a sua plenitude.

A arte da lentidão e da paciência reside na capacidade de estar plenamente presente no momento, mergulhando em cada experiência com atenção intencional e mente aberta. É um lembrete constante da riqueza da experiência humana, do valor de cada momento das nossas vidas. Ao desacelerar, permitimos que nossos sentidos despertem, que nossas mentes se acalmem e que nossos corações se abram para a beleza que nos rodeia.

Lentidão e paciência são antídotos poderosos para o estresse e a ansiedade que muitas vezes caracterizam nossas vidas modernas. Ao reservar um tempo para respirar, conectar-se com a respiração e nos ancorar no momento presente, podemos encontrar um refúgio de calma no meio da tempestade. É nestes momentos de tranquilidade que encontramos forças para enfrentar os desafios da vida com serenidade e resiliência.

Além disso, a arte da lentidão e da paciência nos permite cultivar relacionamentos mais profundos e autênticos com os outros. Ao reservar um tempo para realmente ouvir, compreender e responder com compaixão, fortalecemos os laços que nos unem e alimentamos as raízes do amor e da compreensão mútua. É nestes momentos de ligação autêntica que encontramos a verdadeira riqueza da vida, o calor da amizade e a doçura do amor partilhado.

Praticar a arte da lentidão e da paciência não significa desistir dos nossos objetivos ou aspirações. Pelo contrário, é uma forma de abordá-los com clareza de espírito e determinação renovada. Ao desacelerar, permitimos que a nossa criatividade floresça, a nossa intuição se expresse e a nossa sabedoria interior guie os nossos passos. É nestes momentos de tranquilidade que encontramos a clareza necessária para tomar decisões informadas e avançar na vida com confiança e segurança.

Portanto, a arte da lentidão e da paciência é um caminho para a paz interior, a alegria profunda e a verdadeira autorrealização. É um convite a abraçar a beleza do momento presente, a saborear cada momento como um precioso presente da vida. Ao cultivar a lentidão e a paciência em nossas vidas, descobrimos um mundo de infinitas possibilidades, onde cada momento é uma oportunidade de crescimento, admiração e gratidão.

20. Dominando a Arte da Cunilíngua: A Exploração da Intimidade Feminina

A cunilíngua, muitas vezes descrita como uma forma de arte erótica, é muito mais do que apenas um ato sexual. É uma expressão de ternura, sensibilidade e profunda conexão com o corpo e a mente do parceiro. Dominar esta arte requer não apenas uma compreensão da fisiologia feminina, mas também uma sensibilidade para ouvir os desejos e reações do parceiro. Vejamos a importância de dominar a arte da cunilíngua, os elementos-chave para se tornar um amante talentoso e as recompensas emocionais e sexuais que a acompanham.

No cerne da arte da cunilíngua está o reconhecimento e a celebração da sensualidade feminina. É um ato que homenageia a beleza e a complexidade do corpo feminino e abraça a diversidade de experiências sexuais e emocionais. Como tal, requer uma abordagem atenta e respeitosa, uma vontade de ouvir e responder às necessidades e desejos do parceiro.

Dominar a arte da cunilíngua começa com a compreensão da anatomia feminina. Isto envolve conhecer as diferentes zonas erógenas e pontos de prazer do parceiro, bem como compreender como estimular essas zonas de forma eficaz e prazerosa. Contudo, ainda mais importante do que o conhecimento anatômico é a capacidade de ler as reações do parceiro, responder às suas sugestões corporais e ajustar a técnica de acordo.

Um aspecto essencial da arte da cunilíngua é a comunicação aberta e honesta com o parceiro. É um convite ao diálogo sobre as preferências, desejos e limites de cada um, para criar um espaço de confiança e abertura onde ambos os parceiros possam expressar-se livremente e sem julgamento. A comunicação não só melhora a experiência sexual, mas também fortalece a ligação emocional e a intimidade entre os parceiros.

A arte da cunilíngua também reside na paciência e na presença. É reservar um tempo para explorar o corpo do seu parceiro com gentileza e devoção, saboreando cada sensação e reação com atenção intencional. É estar plenamente presente no momento, deixar-se guiar pelo ritmo e pelas reações do parceiro, perdendo-se no prazer partilhado e na união íntima.

Ao dominar a arte do cunilíngua, as recompensas vão muito além do prazer físico. É um ato que fortalece a ligação emocional entre os parceiros, que nutre a intimidade e a cumplicidade que são a base de qualquer relacionamento gratificante. É uma forma de celebrar a beleza e a sensualidade da parceira, de lhe oferecer uma experiência de prazer profundamente gratificante e gratificante.

Portanto, dominar a arte da cunilíngua é muito mais do que uma habilidade técnica; é uma expressão de sensibilidade, compaixão e respeito para com o parceiro. É um convite para explorar a sensualidade feminina com curiosidade e devoção, para homenagear o corpo e o espírito do parceiro com ternura e admiração. Ao abraçar esta arte com abertura e determinação, os amantes podem descobrir uma profundidade de conexão e prazer que enriquece o seu relacionamento e nutre a sua alma.

21. Explorando brinquedos sexuais para prazer intensificado: reinventando a intimidade moderna

No cenário em mudança da sexualidade moderna, o uso de brinquedos sexuais tornou-se uma prática comum e aceita por muitos indivíduos e casais. Esses acessórios lúdicos não estão mais limitados a dispositivos tabu ou marginais, mas tornaram-se ferramentas poderosas para explorar e intensificar o prazer sexual. Vejamos a importância de explorar os brinquedos sexuais, as diferentes opções disponíveis e os benefícios que oferecem para enriquecer e aprofundar a intimidade em nossas vidas.

O uso de brinquedos sexuais pode ser visto como uma extensão natural do nosso desejo inato de explorar e descobrir novas fontes de prazer. Estes acessórios oferecem uma infinidade de possibilidades para estimular os sentidos, reavivar a emoção e criar experiências sensoriais inesquecíveis. Quer sejam vibradores, estimuladores clitorianos, vibradores, bolas do amor ou outros acessórios inovadores, os brinquedos sexuais são projetados para atender a uma variedade de desejos e preferências.

Um dos pontos fortes dos brinquedos sexuais reside na sua capacidade de apimentar e diversificar a intimidade sexual. Eles oferecem aos indivíduos e aos casais a oportunidade de explorar novas sensações e ultrapassar os limites do seu prazer. Além disso, ajudam a abrir conversas sobre preferências sexuais, incentivam a comunicação e fortalecem a conexão emocional entre parceiros. Ao explorarem juntos os brinquedos sexuais, os casais podem descobrir novos territórios de prazer e aprofundar a sua intimidade de forma enriquecedora e estimulante.

Os brinquedos sexuais também podem ser ferramentas valiosas para quem procura explorar a sua própria sexualidade e alcançar a realização individual. Para muitas pessoas, o uso de brinquedos sexuais proporciona uma forma segura e confortável de explorar o próprio corpo, descobrir as suas zonas erógenas e compreender o que lhes dá prazer. É um processo de autonomia sexual e autoexploração que pode levar a uma maior autoconfiança e a uma melhor compreensão das próprias necessidades e desejos.

É importante ressaltar que o uso de brinquedos sexuais não é necessariamente uma alternativa à intimidade humana, mas sim um complemento a ela. Os brinquedos sexuais não substituem o contato humano ou a intimidade emocional; pelo contrário, podem enriquecer estas experiências acrescentando uma dimensão sensorial e lúdica ao ato sexual. Eles oferecem aos casais a oportunidade de explorarem novas formas de prazer juntos, reacenderem a paixão e manterem uma conexão emocional profunda.

Porém, é fundamental ressaltar a importância da educação e da informação na hora de explorar os brinquedos sexuais. É fundamental escolher produtos de qualidade, compreender a sua utilização segura e respeitar os limites e preferências de cada pessoa. Além disso, é recomendável manter uma comunicação aberta e honesta com seu parceiro em relação ao uso de brinquedos sexuais, criando um espaço onde todos se sintam confortáveis para expressar seus desejos e limites sem julgamento ou pressão.

Portanto, explorar os brinquedos sexuais é um processo pessoal e íntimo que pode enriquecer e aprofundar a nossa experiência de intimidade. Seja sozinho ou em casal, o uso de brinquedos sexuais oferece uma excelente oportunidade para explorar novos territórios de prazer, reacender a paixão e fortalecer a ligação emocional com os nossos parceiros. Ao abraçar esta dimensão lúdica e sensorial da sexualidade, podemos descobrir um mundo de sensações e satisfações que enriquecem as nossas vidas e nutrem a nossa alma.

22. Os benefícios da massagem erótica: uma exploração da sensualidade e do bem-estar

A massagem erótica, muitas vezes associada à intimidade sensual e à paixão, vai muito além da simples satisfação física. É uma forma de arte que nutre o corpo, a mente e a alma, proporcionando uma infinidade de benefícios para quem a pratica. Vamos mergulhar nas profundezas da massagem erótica, explorar os seus múltiplos benefícios para a saúde e o bem-estar e examinar como ela pode enriquecer as nossas vidas nos níveis físico, emocional e espiritual.

No cerne da massagem erótica está a conexão íntima entre parceiros. É um ato de ternura e compaixão, uma forma de comunicar sem palavras, através de movimentos suaves e gestos afetuosos. A massagem erótica cria um espaço sagrado onde os parceiros podem entregar-se à sensualidade, ao abandono e à vulnerabilidade, fortalecendo os laços entre eles e aprofundando a sua intimidade emocional.

No nível físico, a massagem erótica oferece uma infinidade de benefícios à saúde. Pode ajudar a relaxar os músculos tensos, aliviar a tensão corporal e melhorar a circulação sanguínea. Os movimentos fluidos e rítmicos da massagem também estimulam o sistema linfático, fortalecendo assim o sistema imunológico e promovendo a eliminação de toxinas do corpo. Além disso, a massagem erótica pode beneficiar a saúde mental, reduzindo o estresse, a ansiedade e promovendo um estado de relaxamento profundo.

A massagem erótica também é uma forma de autoexploração e autodescoberta. Ao se deixar guiar pelas sensações e reações do seu próprio corpo, você aprende a compreender melhor seus desejos, limites e preferências. É um convite para ouvir o seu corpo, dar-lhe atenção amorosa e dar-lhe o presente da presença plena. Nesse sentido, a massagem erótica pode ser um poderoso ato de autocuidado, uma forma de se reconectar consigo mesmo e cultivar o amor próprio.

Além disso, a massagem erótica pode ser uma forma de meditação em movimento, uma forma de cultivar a atenção plena e a presença atenta no momento presente. Ao nos concentrarmos nas sensações do toque, dos movimentos corporais e da respiração, entramos num estado de fluxo e tranquilidade onde as preocupações do mundo exterior desaparecem e nos sentimos totalmente vivos e despertos.

Finalmente, a massagem erótica é uma celebração da sensualidade e da beleza da vida. É uma homenagem à riqueza das experiências sensoriais que nos rodeiam, à suavidade das carícias, ao calor da pele, à magia do contacto humano. É um convite para mergulhar no momento presente, saboreando cada sensação com gratidão e admiração, e saboreando a profunda alegria que advém da conexão consigo mesmo e com os outros.

Assim, a massagem erótica é muito mais que um simples ato de prazer físico; é uma prática profundamente transformadora que nutre o corpo, a mente e a alma. Ao abraçar a sensualidade e a ternura da massagem erótica, descobrimos um mundo de sensações e satisfações que enriquecem as nossas vidas e nutrem a nossa alma. Seja sozinho ou em casal, a massagem erótica oferece um caminho para o bem-estar, a plenitude e a autorrealização.

23. Práticas de Respiração Íntima: Estabelecendo uma Conexão Profunda com o Coração de Eros

A respiração é a chave da vida, o elo entre o nosso mundo interior e o mundo exterior, e no contexto da intimidade torna-se uma força poderosa para aprofundar a ligação entre parceiros. Vamos explorar a importância das práticas de respiração íntima, os seus benefícios para a realização emocional e física e como podem enriquecer a nossa experiência de amor e sensualidade.

A respiração é muito mais do que uma função automática do nosso corpo; é uma ferramenta valiosa para cultivar a consciência e a presença no momento presente. Na intimidade, a respiração torna-se uma ponte entre os corpos e as almas dos parceiros, uma forma de sincronizar ritmos e entrar em ressonância emocional. Ao praticarem juntos a respiração consciente, os parceiros criam um espaço de conexão profunda onde as barreiras emocionais se dissipam e o amor pode florescer plenamente.

Uma das práticas respiratórias mais comuns na intimidade é a respiração sincronizada. Ao alinhar os ciclos respiratórios, os parceiros se conectam em um nível sutil, criando uma sensação de unidade e harmonia que transcende as limitações do ego. Esta prática também promove uma comunicação tranquila e intuitiva, permitindo que os parceiros se sintonizem e respondam às necessidades um do outro com sensibilidade e compaixão.

A respiração consciente na intimidade também pode servir como um guia para explorar as emoções e sensações profundas que surgem durante o ato sexual. Ao focar na respiração, os parceiros podem acolher plenamente os sentimentos que surgem, sejam eles de alegria, prazer, desejo ou vulnerabilidade. A respiração torna-se uma ferramenta para se ancorar no momento presente, permitindo que os parceiros permaneçam presentes e conectados, mesmo nos momentos mais intensos e apaixonados.

Além disso, a respiração consciente pode ser usada para regular a energia sexual e prolongar a experiência de êxtase. Ao praticar técnicas de respiração profunda e controlada, os parceiros podem cultivar e direcionar a energia sexual através dos seus corpos, criando ondas de orgasmo e êxtase que se espalham por todo o seu ser. Esta prática permite uma expansão da consciência e uma conexão profunda com a própria fonte da vida e do amor universal.

Finalmente, as práticas de respiração íntima podem ser ferramentas poderosas para a cura emocional e a transformação pessoal. Ao conectarem-se à respiração e libertarem os bloqueios emocionais associados, os parceiros podem curar feridas passadas, cultivar a compaixão e a compreensão e abrir-se ao amor incondicional que reside no âmago do seu ser.

Portanto, as práticas de respiração na intimidade são uma forma poderosa de criar uma conexão profunda e significativa entre parceiros. Ao concentrarem-se na respiração, os amantes podem transcender as limitações do ego e entrar num espaço de pura comunhão e amor partilhado. Seja através da respiração sincronizada, da regulação da energia sexual ou da cura emocional, a respiração consciente na intimidade oferece um caminho para a realização física, emocional e espiritual, enriquecendo a nossa experiência de amor e cura.

24. Rumo ao orgasmo múltiplo: ultrapassando limites

O orgasmo múltiplo, muitas vezes considerado o auge da experiência sexual, é um território misterioso e fascinante para muitos indivíduos e casais. Indo além dos limites da satisfação sexual convencional, o orgasmo múltiplo oferece um potencial de realização e autodescoberta que vai muito além da simples busca do prazer físico. Aqui exploraremos os conceitos de orgasmo múltiplo, os desafios e possibilidades que apresenta e como pode transformar a nossa compreensão da sexualidade e da intimidade.

O orgasmo múltiplo é frequentemente descrito como a capacidade de experimentar orgasmos múltiplos em sucessão durante uma única sessão sexual. Contudo, esta definição simplista não faz justiça à complexidade da experiência. O orgasmo múltiplo é muito mais do que uma série de sensações físicas intensas; é uma jornada profundamente pessoal e emocional em direção à descoberta de si mesmo e do outro. É uma exploração da sensualidade, da conexão emocional e da comunhão espiritual que transcende as limitações do ego e nos leva a estados elevados de consciência.

Ir além dos limites do orgasmo único requer uma mente aberta e uma vontade de explorar os territórios desconhecidos do nosso próprio corpo e mente. Requer também uma comunicação aberta e honesta com o nosso parceiro, uma vontade de partilhar os nossos desejos mais profundos e os nossos medos mais íntimos. À medida que nos aventuramos nesta jornada juntos, podemos descobrir níveis de conexão e prazer que transcendem os limites da possibilidade.

O orgasmo múltiplo também é um desafio às nossas crenças e percepções limitadas sobre sexualidade e intimidade. Muitas vezes somos condicionados a acreditar que o orgasmo é um evento único, limitado no tempo e no espaço. No entanto, à medida que exploramos as profundezas da nossa própria sensualidade, descobrimos que o orgasmo é um estado de ser, um fluxo de energia que flui através de nós e nos conecta a algo maior do que nós mesmos. Ao nos abrirmos a esta realidade, abraçamos a plenitude da nossa experiência sexual e libertamo-nos de padrões limitantes que nos impedem de florescer plenamente.

No entanto, o caminho para o orgasmo múltiplo tem seus desafios. Requer paciência e perseverança, disposição para explorar os altos e baixos de nossa própria experiência. Requer também auto-aceitação incondicional, um reconhecimento de que o nosso valor como seres humanos não depende da nossa capacidade de atingir níveis elevados de prazer sexual. Ao aceitarmos plenamente quem somos, com todas as nossas imperfeições e vulnerabilidades, abrimo-nos a uma experiência de intimidade autêntica e profunda que vai muito além dos limites do orgasmo único.

Caminhar em direção ao orgasmo múltiplo é uma jornada de descoberta de si mesmo e dos outros, um caminho para a realização física, emocional e espiritual. Ao abraçar esta busca com abertura e propósito, descobrimos níveis de conexão e prazer que enriquecem as nossas vidas e nutrem as nossas almas. Seja sozinho ou em parceria, o orgasmo múltiplo oferece um caminho para a autodescoberta e a autorrealização, um convite para explorar as profundezas da nossa própria sensualidade e celebrar a beleza da intimidade humana.

25. Superando bloqueios sexuais e emocionais: navegando em direção à liberdade interior

Na complexa jornada da sexualidade humana, é comum encontrar obstáculos que dificultam a nossa capacidade de florescer plenamente. Estes bloqueios, sejam eles emocionais, psicológicos ou relacionais, podem ter repercussões profundas no nosso bem-estar físico, emocional e espiritual. Aqui veremos a natureza dos bloqueios sexuais e emocionais, suas causas subjacentes e estratégias para superá-los e encontrar a liberdade interior.

Os bloqueios sexuais e emocionais podem assumir muitas formas, desde disfunção erétil e distúrbio de ejaculação precoce até ansiedade sexual e repressão de desejos. Podem ser o resultado de traumas passados, crenças limitantes, pressões sociais ou conflitos de relacionamento não resolvidos. Seja qual for a sua origem, estes bloqueios exercem uma influência sobre todo o nosso ser, limitando a nossa capacidade de nos conectarmos plenamente com a nossa sensualidade e sexualidade.

Um passo fundamental no processo de superação de bloqueios sexuais e emocionais é a conscientização. É essencial reconhecer e aceitar a presença destes bloqueios, nomeá-los e explorá-los com compaixão e sem julgamento. Requer introspecção honesta e exame profundo de nossos pensamentos, emoções e experiências passadas. Ao enfrentar esses bloqueios com coragem e abertura, começamos a desatar os nós que nos mantêm cativos e a liberar a energia bloqueada que reside dentro de nós.

Depois de identificarmos nossos bloqueios, o trabalho de cura pode começar. Isso pode envolver trabalhar com um terapeuta ou treinador sexual para explorar as raízes mais profundas de nossos padrões de pensamento e comportamento, praticar técnicas de relaxamento e meditação para acalmar a mente e o corpo, ou explorar abordagens alternativas, como arte-terapia ou terapia de movimento, para liberar sentimentos reprimidos. e reprimir emoções.

Um aspecto crucial do processo de cura de bloqueios sexuais e emocionais é a criação de um espaço seguro e de apoio. Isso pode envolver o cultivo de relacionamentos saudáveis e estimulantes, cercando-nos de pessoas que nos apoiam em nossa jornada pessoal e comunicando-nos aberta e honestamente com nossos parceiros sobre nossas necessidades, desejos e limites. Ao criar um ambiente de aceitação incondicional e compreensão mútua, permitimos que a nossa cura floresça e floresça plenamente.

Por fim, o processo de superação de bloqueios sexuais e emocionais exige tempo, paciência e perseverança. Poderão haver altos e baixos, momentos de progresso e retrocessos, mas é nestes momentos de luta que reside a verdadeira oportunidade de crescimento e transformação. Ao permanecermos envolvidos na nossa jornada pessoal, demonstrando compaixão por nós mesmos e rodeando-nos de apoio, descobrimos uma liberdade interior e uma plenitude que nunca pensamos ser possível.

Superar bloqueios sexuais e emocionais é uma jornada corajosa e transformadora em direção à liberdade interior. Ao reconhecer os nossos desafios, procurar o apoio necessário e envolver-nos num trabalho de cura profundo, abrimos o caminho para a realização da sexualidade, para o cultivo de relacionamentos e para uma vida plena. Seja sozinho ou com a ajuda de outras pessoas, o caminho para a cura dos bloqueios sexuais e emocionais oferece uma oportunidade valiosa para redescobrir a nossa essência mais autêntica e viver plenamente a vida que nos foi destinada.

26. Lidando com Problemas de Disfunção Sexual: Rumo a uma Sexualidade Realizada e Harmoniosa

A disfunção sexual é uma realidade que muitas pessoas encontram em algum momento de suas vidas. Quer se trate de dificuldades de ereção, problemas de orgasmo, perda de desejo ou outros desafios sexuais, estes obstáculos podem ter um impacto profundo na qualidade de vida e nos relacionamentos. Aqui, exploraremos a natureza das questões de disfunção sexual, os factores subjacentes e as abordagens para enfrentar estes desafios de uma forma construtiva e informada.

É importante reconhecer que os problemas de disfunção sexual não são raros ou vergonhosos. Podem afetar indivíduos de todas as idades, géneros e orientações sexuais e são frequentemente o resultado de uma combinação complexa de fatores físicos, psicológicos, relacionais e ambientais. Ao compreender que a disfunção sexual é uma condição humana normal e muitas vezes temporária, podemos começar a abordar estas questões com compaixão e mente aberta.

Um passo fundamental no gerenciamento de problemas de disfunção sexual é a comunicação aberta e honesta. É essencial que os parceiros se sintam seguros para discutir as suas preocupações, desejos e necessidades sexuais. Isto envolve criar um espaço de confiança onde todos se sintam ouvidos e respeitados, sem julgamentos ou críticas. Ao abordarem juntos as questões da disfunção sexual, os parceiros podem encontrar soluções colaborativas e fortalecer a sua ligação emocional.

Também é importante reconhecer os fatores físicos que podem contribuir para problemas de disfunção sexual. Condições médicas como diabetes, doenças cardíacas, desequilíbrios hormonais e outros problemas de saúde podem afetar a função sexual. Nestes casos, recomenda-se consultar um profissional de saúde qualificado para avaliar e tratar os problemas subjacentes. Opções de tratamento como terapia medicamentosa, terapia hormonal, cirurgia ou outras intervenções podem ser consideradas para ajudar a melhorar a função sexual.

Além dos fatores físicos, os problemas de disfunção sexual são frequentemente influenciados por fatores psicológicos e emocionais. Estresse, ansiedade, depressão, histórico de trauma ou experiência sexual ruim, problemas de relacionamento e outras questões psicossociais podem desempenhar um papel na saúde sexual. Nestes casos, a terapia individual ou de casal pode ser benéfica para explorar as causas subjacentes da disfunção sexual, aprender técnicas de gestão do stress e de comunicação e construir autoconfiança e ligação emocional.

Por fim, é importante lembrar que o caminho para a resolução dos problemas de disfunção sexual pode ser um processo gradual e evolutivo. Não existe uma solução única ou rápida, e cada pessoa pode precisar de um plano de tratamento e abordagem exclusivos com base em suas necessidades e situações individuais. É importante ter paciência, perseverança e compaixão por você e seu parceiro durante todo o processo de cura.

Abordar questões de disfunção sexual requer coragem, abertura e apoio. Ao reconhecer a importância da comunicação, explorando os factores físicos, psicológicos e relacionais subjacentes, e procurando apoio profissional quando necessário, podemos ultrapassar os obstáculos que dificultam a nossa realização sexual. Com o compromisso com o crescimento pessoal e relacional, podemos cultivar uma sexualidade plena, satisfatória e harmoniosa que enriquece as nossas vidas e fortalece os nossos relacionamentos.

27. Abraçando as mudanças fisiológicas: navegando graciosamente pelas fases da vida

A vida é uma viagem repleta de mudanças constantes, e o nosso corpo é a testemunha silenciosa destas transformações fisiológicas que marcam a nossa existência. Do nascimento à velhice, nossos corpos passam por uma série de metamorfoses que moldam nossa identidade e nossa experiência de mundo. Vamos explorar juntos a importância de abraçar as mudanças fisiológicas em cada fase da vida e como isso pode nos ajudar a navegar com elegância pelos desafios e oportunidades que surgem em nosso caminho.

No início da nossa caminhada somos acolhidos neste mundo com um corpo recém-nascido, frágil e dependente. Ao longo dos primeiros anos de vida, o nosso corpo cresce e desenvolve-se a um ritmo rápido, adaptando-se às novas exigências do nosso ambiente. As mudanças fisiológicas da infância e da adolescência são marcadas pelo crescimento dos ossos e músculos, pelo desenvolvimento dos órgãos reprodutivos e pelas flutuações hormonais que preparam o terreno para a maturidade adulta.

No entanto, é na idade adulta que somos frequentemente confrontados com as alterações fisiológicas mais significativas e por vezes desconcertantes. Nosso corpo passa por fases como puberdade, gravidez, menopausa, envelhecimento, que podem ser acompanhadas de convulsões emocionais, psicológicas e relacionais. Essas transições podem trazer à tona sentimentos de incerteza, perda e, às vezes, até medo do desconhecido.

No entanto, é precisamente nestes momentos de mudança que reside a possibilidade de crescimento e transformação. Ao acolher as mudanças fisiológicas com abertura e aceitação, abraçamos a riqueza da experiência humana em toda a sua diversidade e complexidade. Reconhecemos que cada fase da vida traz a sua quota-parte de desafios e oportunidades, e que é na navegação nestas águas turbulentas que reside a chave para a nossa realização.

Abraçar as mudanças fisiológicas também significa abraçar o nosso corpo como ele é, com todas as suas imperfeições e maravilhas. Significa reconhecer que o nosso valor como seres humanos não depende da nossa aparência exterior ou da nossa capacidade de cumprir padrões irrealistas de beleza e juventude. Ao nos conectarmos com nossos corpos de maneira amorosa e respeitosa, cultivamos uma relação de confiança e amor próprio que transcende as flutuações da aptidão física.

Por fim, acolher as mudanças fisiológicas convida-nos a abrir-nos à sabedoria profunda que reside dentro de nós e que guia o nosso caminho através dos altos e baixos da vida. Ao ouvir as mensagens do nosso corpo, honrando as nossas necessidades e limitações, encontramos alicerces na sabedoria inata que reside dentro de nós e nos guia no caminho da cura e da realização.

Assim, acolher as mudanças fisiológicas é um ato de amor consigo mesmo e com a vida. É um convite a abraçar a riqueza e a diversidade da experiência humana em todo o seu esplendor e a navegar graciosamente pelas águas tempestuosas da vida. Ao abraçar a mudança com abertura e aceitação, encontramos a força e a resiliência para abraçar plenamente cada passo da nossa jornada e viver uma vida rica em significado, conexão e realização.

28. A troca de poder no ato sexual: uma dança sutil entre dominação e submissão

O ato sexual é muito mais do que uma simples troca física entre dois indivíduos. É uma dança complexa de energia, paixão e, muitas vezes, poder. A troca de poder na sexualidade é um fenômeno fascinante que pode assumir muitas formas, desde a dominação à submissão, da ternura à agressão. Aqui exploraremos a dinâmica da troca de poder no ato sexual, as suas implicações psicológicas e emocionais e como isso pode enriquecer a nossa compreensão da sexualidade e da intimidade.

No cerne da troca de poder no ato sexual está a noção de domínio e submissão. Estes conceitos não devem ser interpretados de forma rígida ou unidimensional, mas sim como aspectos fluidos e mutáveis da dinâmica do relacionamento entre parceiros. A dominação pode ser gentil e sensual, enquanto a submissão pode ser voluntária e consensual. O que importa é a comunicação clara e o respeito mútuo que sustentam esta dinâmica.

Para alguns, a dominação pode ser uma fonte de prazer e excitação, uma forma de se sentirem poderosos e no controle. Para outros, a submissão pode ser uma forma de se desapegar, de ceder à sensação de ser guiado pelo parceiro. Em cada caso, a troca de poder é uma manifestação de confiança e consentimento, onde os limites são claramente definidos e respeitados.

Contudo, a troca de poder no ato sexual não é isenta de riscos. Pode ser um terreno fértil para manipulação, abuso e coerção. É crucial que os parceiros estejam conscientes das suas próprias motivações e limitações e que sejam capazes de comunicar aberta e honestamente sobre os seus desejos e necessidades. O consentimento deve ser explícito, contínuo e dado livremente, e qualquer forma de pressão ou coerção deve ser firmemente rejeitada.

A troca de poder no ato sexual também pode ser um espelho da dinâmica de poder mais ampla que existe na sociedade. As normas de género, as expectativas sociais e os estereótipos culturais podem influenciar a forma como percebemos e praticamos a sexualidade. É importante examinar criticamente e desafiar estas influências externas, a fim de criar relações sexuais igualitárias e respeitosas.

Por fim, a troca de poder no ato sexual pode ser fonte de crescimento pessoal e de conexão emocional. Ao explorar as nuances do domínio e da submissão com um parceiro de confiança, podemos aprofundar a nossa compreensão de nós mesmos e dos nossos desejos mais profundos. Podemos aprender a ouvir o nosso corpo e as nossas emoções, a render-nos ao sentimento do momento presente e a conectar-nos mais profundamente com o nosso parceiro a nível físico, emocional e espiritual.

Assim, a troca de poder no ato sexual é uma expressão complexa da dinâmica relacional entre parceiros. É uma dança subtil entre o domínio e a submissão, onde o respeito mútuo, a comunicação aberta e o consentimento informado são essenciais. Ao explorar estas dinâmicas com consciência e sensibilidade, podemos enriquecer a nossa vida sexual e aprofundar a nossa ligação connosco próprios e com os nossos parceiros.

29. Tratando Problemas de Saúde Sexual Feminina: Navegando no Caminho para o Bem-Estar Íntimo

A saúde sexual feminina é um aspecto essencial do bem-estar geral das mulheres, mas, infelizmente, permanece frequentemente subdiscutida e subdiagnosticada em muitas sociedades. Os problemas de saúde sexual feminina podem ter um impacto significativo na qualidade de vida, na autoconfiança e nos relacionamentos íntimos. Aqui, exploraremos a importância de abordar as questões de saúde sexual feminina, os desafios que as mulheres enfrentam e as abordagens para promover o bem-estar íntimo.

Os problemas de saúde sexual feminina podem assumir muitas formas, desde dor durante o sexo (dispareunia) e perda de libido até dificuldades orgásticas e problemas com a função sexual. Estes problemas podem ser causados por uma variedade de factores, incluindo condições médicas como infecções vaginais, desequilíbrios hormonais, distúrbios neurológicos, traumas passados, stress e ansiedade, bem como factores psicológicos e de relacionamento.

O primeiro passo para abordar as questões de saúde sexual feminina é reconhecer e validar as experiências das mulheres. Muitas vezes, as questões sexuais das mulheres são subestimadas ou ignoradas, o que pode levar a sentimentos de vergonha, isolamento e sofrimento emocional. É essencial que as mulheres se sintam ouvidas e apoiadas nas suas preocupações sexuais e que saibam que não estão sozinhas na sua experiência.

O segundo passo é procurar ajuda profissional de médicos especializados em saúde sexual feminina. Ginecologistas, sexólogos, terapeutas de saúde sexual e conselheiros de relacionamento são recursos importantes para ajudar as mulheres a compreender as causas subjacentes dos seus problemas sexuais e a explorar opções de tratamento adaptadas às suas necessidades individuais.

O tratamento de problemas de saúde sexual feminina pode envolver uma combinação de abordagens médicas, psicológicas e relacionais. Isto pode incluir tratamentos médicos, como cremes ou medicamentos para tratar infecções ou desequilíbrios hormonais, terapias sexuais para explorar os aspectos psicológicos e de relacionamento dos problemas sexuais e abordagens de gestão do stress e da ansiedade para ajudar as mulheres a relaxar e a conectar-se com os seus corpos.

É também importante reconhecer que o tratamento dos problemas de saúde sexual feminina pode ser um processo gradual e evolutivo. Pode haver altos e baixos, sucessos e retrocessos, mas perseverança e determinação são a chave para a recuperação. As mulheres devem ser encorajadas a serem pacientes e gentis consigo mesmas, a celebrar o progresso e a procurar ajuda quando necessário.

Portanto, tratar os problemas de saúde sexual feminina é uma parte crucial do bem-estar geral das mulheres. Isto requer uma abordagem holística que reconheça a importância da saúde física, emocional e relacional na sexualidade feminina. Ao reconhecerem as experiências das mulheres, procurarem ajuda profissional e adoptarem uma abordagem compassiva consigo mesmas, as mulheres podem tomar medidas para promover o seu bem-estar íntimo e recuperar uma ligação satisfatória com a sua sexualidade e os seus corpos.

30. Consciência Emocional na Sexualidade: Navegando Sabiamente nos Fluxos de Emoções

A sexualidade humana é muito mais do que apenas um ato físico; está profundamente ligado às nossas emoções, às nossas experiências passadas, às nossas crenças e aos nossos relacionamentos. Aqui examinaremos o papel crucial da consciência emocional na sexualidade, como ela influencia as nossas experiências íntimas e como pode enriquecer as nossas relações sexuais e emocionais.

A consciência emocional na sexualidade envolve estar atento e receptivo às emoções que emergem antes, durante e depois das interações sexuais. Trata-se de reconhecer e aceitar os nossos próprios sentimentos, bem como os do nosso parceiro, explorando-os com curiosidade e compaixão e aprendendo a integrá-los na nossa experiência sexual.

Uma das maneiras pelas quais a consciência emocional se manifesta na sexualidade é por meio da comunicação. Ser capaz de expressar nossos desejos, limites, preocupações e necessidades emocionais ao nosso parceiro cria um espaço de segurança e confiança que promove uma intimidade autêntica e gratificante. A comunicação aberta e honesta também ajuda a resolver conflitos, fortalecer a ligação emocional e aprofundar a compreensão mútua.

A consciência emocional na sexualidade também nos convida a explorar as raízes das nossas emoções e a compreender como elas influenciam as nossas interações íntimas. Nossas experiências passadas, apegos, feridas emocionais e padrões de relacionamento podem desempenhar um papel na forma como vivenciamos e percebemos nossa sexualidade. Ao reconhecer estas influências, podemos começar a trabalhar na cura e no crescimento pessoal, e transformar as nossas relações sexuais em fontes de ligação profunda e satisfação mútua.

Outra dimensão importante da consciência emocional na sexualidade é a capacidade de permanecer presente e vivenciar plenamente as sensações e emoções que surgem durante o ato sexual. Envolve conectar-se com nossos corpos, estar consciente de nossas sensações físicas, reações emocionais e pensamentos, e acolhê-los sem julgamento ou crítica. A atenção plena na sexualidade permite-nos libertar-nos das distrações mentais e das preocupações externas e mergulhar totalmente na experiência sensorial e emocional do momento presente.

Finalmente, a consciência emocional na sexualidade convida-nos a sermos sensíveis às necessidades e limitações do nosso parceiro, a sermos receptivos aos seus sinais não-verbais e a estarmos presentes para oferecer apoio e conforto. Isto significa ouvir as suas reações, desejos e preocupações, e agir com empatia e respeito pelos seus sentimentos e experiências.

Assim, a consciência emocional na sexualidade é uma habilidade essencial para a criação de relacionamentos íntimos e satisfatórios. Ao desenvolver a nossa capacidade de reconhecer, compreender e gerir as nossas emoções, bem como comunicar aberta e carinhosamente com o nosso parceiro, podemos enriquecer a nossa experiência sexual, aprofundar a nossa ligação emocional e cultivar relacionamentos íntimos e gratificantes. Em última análise, a consciência emocional na sexualidade nos ajuda a navegar sabiamente pelas ondas de emoções e a experimentar uma sexualidade plena e equilibrada.

31. Integrando o Tantra na Intimidade: Uma Exploração da Conexão Profunda e do Despertar Espiritual

O Tantra, uma tradição antiga nascida nas tradições hindu e budista, oferece uma abordagem única à sexualidade e à intimidade. Embora muitas vezes associado a práticas sexuais exóticas, o Tantra é muito mais do que isso: é um caminho espiritual que visa fundir os aspectos físicos, emocionais e espirituais da experiência humana. Neste capítulo, exploraremos como integrar intimamente os princípios do Tantra, abrangendo a conexão profunda, o despertar espiritual e a celebração da vida.

No cerne do Tantra está a noção de conexão profunda consigo mesmo, com o parceiro e com o universo como um todo. Envolve estar plenamente presente e consciente de cada momento, abrindo o coração ao amor incondicional e libertando-nos das inibições e medos que impedem a nossa realização. Na intimidade tântrica, cada encontro torna-se uma celebração da vida e uma oportunidade de explorar os mistérios da alma humana.

Uma das principais práticas do Tantra é a consciência sensorial, que envolve estar totalmente atento às sensações, emoções e pensamentos que surgem durante a relação sexual. Isto significa estar atento a cada carícia, a cada respiração, a cada movimento do corpo, e acolhê-los com abertura e presença. A consciência sensorial nos permite transcender as limitações do ego e nos conectar com a fonte universal de energia criativa que reside dentro de nós.

Outro aspecto importante do Tantra é o equilíbrio entre o masculino e o feminino, manifestado na dança sutil da polaridade entre os parceiros. No Tantra, o masculino está associado à energia dinâmica e à ação, enquanto o feminino está associado à energia receptiva e à compaixão. A integração harmoniosa dessas polaridades cria um fluxo de energia poderoso e equilibrado que nutre a intimidade e o despertar espiritual.

A prática do Tantra também envolve abraçar a sexualidade sagrada, que celebra a união de corpos, corações e almas num ato de amor divino. Significa reconhecer a presença da divindade em cada ser humano e honrá-la através do ato sexual. A sexualidade sagrada nos convida a transcender as limitações do ego e a nos abrir à experiência da unidade com todo o universo.

Por fim, o Tantra é um convite ao despertar espiritual, que ocorre quando transcendemos a nossa identidade individual e percebemos a nossa profunda conexão com a fonte de toda a criação. É uma viagem interior que nos leva além dos limites da consciência comum e nos abre para níveis mais amplos e profundos de realidade. O despertar espiritual na intimidade tântrica nos permite transcender as dualidades do bem e do mal, da luz e das trevas, e descobrir a verdade última de quem realmente somos.

Portanto, integrar o Tantra na intimidade é uma jornada de descoberta, conexão e despertar espiritual. É um convite para explorar as profundezas da alma humana, para celebrar a beleza da vida e para abraçar a divindade em cada ser. Ao integrar os princípios do Tantra nos nossos relacionamentos íntimos, podemos encontrar a cura, a realização e a transcendência que procuramos na nossa busca pelo amor e pela verdade.

32. A busca pelo prazer: explorando novos horizontes

Desde tempos imemoriais, o ser humano busca o prazer. Esta busca, omnipresente em culturas e épocas, atesta o nosso desejo inato de sentir sensações agradáveis e gratificantes. O prazer, seja físico, emocional, intelectual ou espiritual, ocupa um lugar central nas nossas vidas e influencia profundamente as nossas escolhas, as nossas ações e os nossos relacionamentos.

Explorar novos horizontes na busca do prazer é uma tarefa fascinante e muitas vezes gratificante. Nos leva a sair da nossa zona de conforto, ultrapassar os limites das nossas experiências e descobrir aspectos inexplorados de nós mesmos e do mundo que nos rodeia. Seja através de aventuras sensoriais, descobertas intelectuais ou explorações emocionais, a busca pelo prazer abre caminho para uma vida mais rica, plena e significativa.

A nível físico, a busca pelo prazer convida-nos a explorar as sensações e experiências que despertam os nossos sentidos e nos transportam para um estado de êxtase. Isso pode incluir a exploração de prazeres sensoriais como tato, paladar, olfato, visão e audição, bem como a exploração de prazeres sexuais e experiências corporais que nutrem nossa vitalidade e bem-estar físico.

A nível emocional, a busca pelo prazer leva-nos a explorar as emoções que nutrem a nossa alma e enriquecem a nossa experiência humana. Isto pode incluir a exploração de emoções positivas, como alegria, amor, gratidão e admiração, bem como a exploração de emoções mais complexas, como tristeza, raiva e medo, que nos proporcionam oportunidades de crescimento e transformação.

A nível intelectual, a busca pelo prazer leva-nos a explorar ideias, conceitos e conhecimentos que expandem a nossa compreensão do mundo e estimulam a nossa curiosidade intelectual. Isto pode incluir a exploração de novas disciplinas académicas, a descoberta de novas perspectivas filosóficas ou a participação em debates e discussões que alarguem os nossos horizontes mentais e nos convidem a repensar as nossas crenças e valores.

A nível espiritual, a busca pelo prazer leva-nos a explorar as dimensões mais profundas do nosso ser e a conectar-nos com algo maior do que nós mesmos. Isto pode incluir a exploração de práticas meditativas, rituais espirituais, experiências místicas ou momentos de conexão com a natureza e com outros seres vivos que nos rodeiam.

No entanto, a busca do prazer tem seus desafios e perigos. Quando o prazer se torna uma obsessão ou uma fuga da realidade, pode nos prender num ciclo de dependência e insatisfação perpétua. É importante cultivar um equilíbrio saudável entre a busca do prazer e outros aspectos das nossas vidas, e permanecer consciente das consequências das nossas escolhas e ações.

Assim, a busca pelo prazer é uma viagem fascinante e dinâmica que nos convida a explorar novos horizontes em todos os aspectos do nosso ser. É um convite a abraçar a riqueza e a diversidade da experiência humana, a cultivar a curiosidade e a admiração e a encontrar beleza e alegria nas pequenas coisas da vida. Ao explorar novos horizontes na nossa busca pelo prazer, abrimos o caminho para uma existência mais rica, mais gratificante e vivida de forma mais plena.

33. Nutrição e saúde geral para cumprir a sexualidade

Na nossa busca por uma vida plena, a sexualidade desempenha um papel crucial. Está intimamente ligado à nossa saúde geral, ao nosso bem-estar emocional e à nossa ligação connosco próprios e com os nossos parceiros. Embora muitos factores influenciem a nossa vida sexual, a dieta e a saúde geral desempenham um papel muitas vezes subestimado, mas essencial, na manutenção de uma sexualidade satisfatória.

A nutrição é a pedra angular da nossa saúde geral. Uma dieta equilibrada e nutritiva fornece ao nosso corpo os nutrientes essenciais de que necessita para funcionar adequadamente, apoiar o nosso sistema imunitário e manter um equilíbrio hormonal saudável. Esses mesmos nutrientes também são vitais para uma saúde sexual ideal.

Alimentos ricos em antioxidantes, como frutas e vegetais coloridos, ajudam a proteger as células dos danos dos radicais livres e promovem a saúde cardiovascular, melhorando a circulação sanguínea. Uma boa circulação sanguínea é crucial para uma função sexual ideal, pois garante um fluxo sanguíneo adequado para os órgãos genitais, promovendo assim a excitação e a resposta sexual.

Os ácidos graxos ômega-3, encontrados em peixes gordurosos, nozes e sementes, ajudam a reduzir a inflamação no corpo e a manter níveis saudáveis de colesterol. A inflamação crônica e os níveis elevados de colesterol podem impedir o fluxo sanguíneo, o que pode afetar negativamente a função erétil nos homens e a resposta sexual nas mulheres.

Alimentos ricos em zinco, como frutos do mar, sementes de abóbora e legumes, desempenham um papel vital na produção de testosterona, o principal hormônio sexual tanto em homens quanto em mulheres. O desequilíbrio hormonal, incluindo baixa testosterona, pode levar à diminuição do desejo sexual e à dificuldade de excitação.

Além de apoiar uma saúde sexual ideal, uma dieta saudável e equilibrada também ajuda a manter um peso corporal saudável e a prevenir doenças crónicas como a diabetes, a hipertensão e as doenças cardiovasculares, todas elas factores de risco para a saúde sexual.

Além da alimentação, outros aspectos da saúde geral, como a actividade física regular, a gestão do stress e o sono de qualidade, também desempenham um papel importante na manutenção de uma sexualidade saudável. O exercício regular melhora a circulação sanguínea, reduz o stress e promove a autoconfiança, enquanto o sono adequado promove o equilíbrio hormonal e regenera o corpo e a mente.

Assim, a nutrição e a saúde geral desempenham um papel crucial na manutenção da sexualidade satisfatória. Ao seguir uma dieta saudável e equilibrada, praticar exercícios regularmente e cuidar do nosso bem-estar físico e emocional, podemos nutrir nossos corpos e mentes, fortalecer nossa conexão com nossa sexualidade e viver uma vida plena e satisfatória.

34. Superando o Estigma Social em torno do Prazer Feminino: Rumo à Igualdade Sexual

Em muitas sociedades em todo o mundo, os estigmas sociais em torno do prazer feminino persistem, apesar dos avanços na igualdade de género. Estes estigmas estão profundamente enraizados em normas culturais, crenças religiosas e expectativas sociais, e têm um impacto significativo na forma como as mulheres percebem a sua própria sexualidade e a sua capacidade de procurar e expressar prazer.

No cerne dos estigmas sociais em torno do prazer feminino está a noção patriarcal da sexualidade feminina como sendo secundária ou subordinada à dos homens. Durante séculos, as mulheres foram condicionadas a acreditar que o seu papel na sexualidade é satisfazer os desejos dos homens, em vez de procurar e reivindicar o seu próprio prazer. Esta dinâmica desigual tem contribuído para a perpetuação de muitos preconceitos e conceitos errados sobre a sexualidade feminina.

Um dos estigmas mais comuns é a ideia de que o prazer feminino é complexo, misterioso e difícil de alcançar, em oposição à percepção do prazer masculino como simples e direto. Esta falsa crença levou a uma espécie de mistificação do corpo feminino e das suas respostas sexuais, o que levou a sentimentos de vergonha, constrangimento e insatisfação em muitas mulheres.

Além disso, os estigmas sociais em torno do prazer feminino levaram à marginalização das discussões abertas sobre a sexualidade feminina, tanto em espaços públicos como privados. As mulheres são frequentemente desencorajadas de falar abertamente sobre os seus desejos e necessidades sexuais por medo de serem julgadas, criticadas ou condenadas ao ostracismo pela sociedade.

Para superar estes estigmas sociais, é essencial reconhecer e desafiar as normas e expectativas sociais que perpetuam a desigualdade sexual. Isto significa criar espaços seguros e inclusivos onde as mulheres possam expressar-se livremente sobre a sua sexualidade, sem medo de julgamento ou repercussões negativas.

É também crucial promover uma educação sexual inclusiva e capacitadora que dote as mulheres com conhecimentos, competências e confiança para explorar e recuperar o seu prazer sexual. Isto envolve ensinar às mulheres a anatomia dos seus próprios corpos, normalizar a masturbação feminina e promover uma visão positiva da sexualidade feminina nos meios de comunicação e na cultura popular.

Além disso, é importante reconhecer e celebrar a diversidade das experiências sexuais femininas, bem como as diferentes formas como as mulheres procuram e expressam prazer. Cada mulher é única e não existe maneira certa ou errada de sentir prazer. Ao valorizar a diversidade e respeitar a autonomia sexual das mulheres, podemos criar um mundo onde o prazer feminino seja plenamente reconhecido, respeitado e celebrado.

Assim, superar os estigmas sociais em torno do prazer feminino é um processo essencial para promover a igualdade sexual e garantir que todas as mulheres possam experimentar uma sexualidade plena e satisfatória. Requer um compromisso colectivo para desafiar as normas e expectativas sociais que limitam a liberdade sexual das mulheres e para criar um ambiente onde todos possam reivindicar o seu direito ao prazer e à autonomia sexual.

35. Criando experiências sexuais personalizadas: a arte da conexão íntima

Na nossa busca pela satisfação e realização nas nossas relações sexuais, é essencial reconhecer a importância de criar experiências sexuais personalizadas. Cada indivíduo é único, com desejos, preferências e limitações próprias. Portanto, é crucial adoptar uma abordagem individualizada da sexualidade que promova a ligação íntima, a partilha autêntica e uma experiência gratificante para todos os parceiros envolvidos.

A criação de experiências sexuais personalizadas começa com uma exploração profunda de si mesmo e de seus próprios desejos e limites. É importante reservar um tempo para pensar sobre o que nos excita, o que nos traz prazer e o que nos deixa confortáveis no contexto da intimidade. Isso pode envolver a exploração de nossas fantasias, fantasias e necessidades emocionais, bem como a comunicação aberta e honesta com nosso parceiro sobre nossas preferências e limites.

A comunicação desempenha um papel vital na criação de experiências sexuais personalizadas. É importante estabelecer um diálogo aberto e respeitoso com o nosso parceiro, onde todos se sintam livres para expressar os seus desejos, preocupações e limites sem medo de julgamento ou rejeição. A comunicação ajuda a criar um espaço de confiança e compreensão mútua, onde as necessidades e desejos de todos são tidos em conta e respeitados.

Depois de explorarmos nossos próprios desejos e estabelecermos uma comunicação aberta com nosso parceiro, podemos começar a criar experiências sexuais personalizadas que atendam às nossas necessidades únicas e às de nosso parceiro. Isto pode envolver experimentar novas posições, novos jogos sexuais ou novas práticas eróticas que estimulem a nossa imaginação e enriqueçam a nossa experiência sexual.

Também é importante permanecermos abertos e flexíveis nas nossas interações sexuais, prestando atenção aos sinais e reações do nosso parceiro e adaptando a nossa abordagem de acordo com as suas necessidades e desejos em constante mudança. A sexualidade é fluida e evolutiva, e é importante estar receptivo às necessidades e desejos do nosso parceiro para manter uma conexão íntima e satisfatória.

Finalmente, criar experiências sexuais personalizadas envolve cultivar um ambiente de respeito, consentimento e cuidado mútuo. É essencial respeitar os limites e desejos do nosso parceiro, pedir e dar consentimento claro e entusiástico e ser compassivo e compreensivo com as experiências e sentimentos um do outro.

Assim, criar experiências sexuais personalizadas é um processo dinâmico e enriquecedor que nos convida a explorar a nossa sexualidade de forma autêntica e gratificante. Ao adotar uma abordagem individualizada da sexualidade, comunicar abertamente com o nosso parceiro e permanecer aberto à experimentação e adaptação, podemos criar conexões íntimas profundas e experiências sexuais que enriquecem as nossas vidas e o nosso relacionamento.

36. Honrando a sexualidade feminina em todas as suas formas: um convite ao reconhecimento e ao respeito

A sexualidade feminina é um aspecto profundamente enraizado na identidade e na experiência das mulheres em todo o mundo. No entanto, esta sexualidade é muitas vezes incompreendida, subestimada ou mesmo oprimida em muitas sociedades. Honrar a sexualidade feminina em todas as suas formas é um imperativo moral e social que requer consciência colectiva e compromisso com a igualdade de género e respeito pela autonomia sexual das mulheres.

Honrar a sexualidade feminina começa com o reconhecimento da sua diversidade e complexidade. As mulheres são indivíduos únicos, com uma gama diversificada de desejos, fantasias, preferências e limites. É essencial reconhecer que a sexualidade feminina não se limita a uma norma ou a um conjunto de comportamentos prescritos, mas é tão diversa e individual como as próprias mulheres.

No entanto, em muitas culturas, a sexualidade feminina é frequentemente reduzida a estereótipos e expectativas restritivas que limitam a autonomia e a expressão das mulheres. As mulheres são frequentemente julgadas por padrões sociais rígidos no que diz respeito ao seu comportamento sexual, aparência física e escolha de parceiros. Isto cria um clima de opressão sexual que prejudica a liberdade e a autonomia das mulheres nas suas vidas sexuais e a sua capacidade de expressar a sua verdadeira natureza.

Honrar a sexualidade feminina em todas as suas formas significa desafiar estas normas sociais restritivas e promover uma cultura de respeito, aceitação e autonomia sexual. Isto significa reconhecer o direito das mulheres de exercerem controlo sobre os seus próprios corpos e sexualidade, sem medo de julgamento ou repercussões sociais. Implica também reconhecer que o prazer sexual das mulheres é tão importante e legítimo como o dos homens e que merece ser celebrado e valorizado.

Honrar a sexualidade feminina também requer uma educação sexual inclusiva que dote as mulheres com conhecimentos, competências e confiança para tomarem decisões informadas sobre a sua saúde sexual e reprodutiva. Isto envolve ensinar às mulheres a anatomia dos seus próprios corpos, normalizar a masturbação feminina e promover uma visão positiva da sexualidade feminina nos meios de comunicação e na cultura popular.

Finalmente, honrar a sexualidade feminina em todas as suas formas significa criar espaços seguros e inclusivos onde as mulheres possam explorar e expressar a sua sexualidade sem medo de discriminação ou violência. Isto envolve reconhecer e desafiar atitudes sexistas, comportamentos misóginos e estruturas de poder patriarcais que limitam a autonomia das mulheres e perpetuam as desigualdades de género na sociedade.

Honrar a sexualidade feminina em todas as suas formas é um imperativo moral e social que exige um compromisso com a igualdade de género, o respeito pela autonomia sexual das mulheres e a promoção de uma cultura de respeito, aceitação e celebração da diversidade sexual. Ao reconhecer e valorizar a sexualidade feminina em todas as suas formas, podemos criar um mundo onde as mulheres possam experimentar plenamente a sua verdade, autonomia e realização nas suas vidas sexuais e para além delas.

37. Meditação para Realizar a Sexualidade: Cultivando Presença e Intimidade

A meditação, praticada há milênios em diversas culturas ao redor do mundo, é reconhecida por seus benefícios na saúde mental, emocional e física. Cada vez mais, a meditação também está sendo explorada como forma de melhorar a qualidade da vida sexual e aprofundar a intimidade nos relacionamentos românticos. Ao cultivar a presença, a consciência e a conexão consigo mesmo e com o parceiro, a meditação oferece um potencial valioso para uma sexualidade plena e equilibrada.

A meditação é frequentemente associada à prática da atenção plena, que envolve prestar atenção intencional ao momento presente, sem julgamento. No contexto da sexualidade, a atenção plena convida-nos a estar totalmente presentes e envolvidos na experiência sexual, deixando de lado as distrações mentais e as preocupações externas.

Quando praticamos meditação para uma sexualidade plena, aprendemos a nos conectar com nosso corpo e nossas sensações de forma profunda e autêntica. Tornamo-nos mais conscientes das sensações físicas, da tensão muscular e das reações emocionais que acompanham a excitação sexual, permitindo-nos ser mais receptivos e responsivos às necessidades do nosso corpo e do nosso parceiro.

A meditação também nos ajuda a cultivar uma maior consciência de nossos desejos e preferências sexuais. Ao observarmos os nossos pensamentos, emoções e sensações corporais durante a meditação, podemos compreender melhor o que nos excita e o que nos satisfaz sexualmente, permitindo-nos comunicar de forma mais eficaz com o nosso parceiro e explorar novas possibilidades de caminhos para o prazer e a realização sexual.

Uma das chaves da meditação para a realização da sexualidade é a prática da atenção plena na intimidade com nosso parceiro. Ao partilhar momentos de meditação juntos, fortalecemos a nossa ligação emocional e espiritual, aprofundando a nossa compreensão mútua e a nossa capacidade de estarmos presentes uns para os outros em momentos de intimidade e vulnerabilidade.

Além disso, a meditação nos ajuda a controlar o estresse, a ansiedade e outros obstáculos emocionais que podem atrapalhar a realização da sexualidade. Ao desenvolver a nossa capacidade de permanecer calmos e centrados face aos desafios da vida quotidiana, estamos mais bem equipados para manter uma relação equilibrada e nutritiva com a nossa sexualidade e com o nosso parceiro.

É importante notar que a meditação para uma sexualidade plena não se limita à prática formal da meditação sentada. Também pode incluir exercícios de respiração consciente, movimentos sensuais de ioga, explorações sensoriais e outras técnicas que promovem presença, conexão e intimidade na vida sexual.

A meditação oferece um potencial valioso para a realização da sexualidade, ajudando-nos a cultivar a presença, a consciência e a conexão conosco e com nosso parceiro. Ao integrar a meditação na nossa prática sexual, podemos aprofundar a nossa compreensão uns dos outros, explorar novas dimensões de prazer e ligação e enriquecer a nossa vida sexual de formas significativas.

38. Práticas sexuais respeitosas e consensuais: construindo relacionamentos íntimos baseados no respeito e no consentimento

No panorama contemporâneo da sexualidade, a importância do respeito e do consentimento tornou-se um tema central de discussão. Práticas sexuais respeitosas e consensuais são fundamentais para criar experiências íntimas saudáveis, satisfatórias e equilibradas. Aqui, exploraremos em profundidade o significado de respeito e consentimento no contexto da sexualidade, os princípios orientadores por trás deles e as práticas e atitudes necessárias para cultivar relações sexuais respeitosas e consensuais.

O respeito na sexualidade vai muito além da simples educação. É um estado de espírito que reconhece o valor e a dignidade de cada indivíduo, bem como o seu direito à autonomia, integridade e bem-estar. No contexto das relações sexuais, o respeito envolve estar atento às necessidades, desejos e limites do parceiro, bem como honrá-los e valorizá-los sem reservas.

O consentimento, por outro lado, é a base de todas as interações sexuais saudáveis e éticas. É um acordo voluntário, claro, explícito e irrestrito para participar de atividades sexuais. O consentimento é dado de forma ativa e contínua e pode ser retirado a qualquer momento se a pessoa se sentir desconfortável ou sem vontade de continuar a atividade.

A comunicação desempenha um papel vital na criação de um ambiente de respeito e consentimento na sexualidade. É importante estabelecer um diálogo aberto e honesto com o seu parceiro, onde todos se sintam livres para expressar os seus desejos, preocupações e limites sem medo de julgamento ou rejeição. A comunicação ajuda a esclarecer expectativas, negociar limites e garantir que todas as partes estejam na mesma página antes de iniciarem atividades sexuais.

A educação também desempenha um papel crucial na promoção de práticas sexuais respeitosas e consensuais. É essencial ensinar aos indivíduos os conceitos de respeito, consentimento e comunicação desde tenra idade, a fim de lhes permitir desenvolver relações sexuais saudáveis e éticas ao longo da vida. Isso envolve abordar temas como consentimento, prazer, relacionamentos saudáveis, prevenção de violência sexual e respeito à autonomia sexual.

Além disso, é importante reconhecer as dinâmicas de poder e as desigualdades que podem influenciar as interações sexuais. Em muitas sociedades, as mulheres, as pessoas LGBTQ+ e outros grupos marginalizados têm maior probabilidade de serem vítimas de violência e coerção sexual. É crucial reconhecer e abordar estas desigualdades, a fim de criar um ambiente de respeito e consentimento para todos.

As práticas sexuais respeitosas e consensuais também se baseiam no respeito pelos limites individuais e no consentimento informado. Isso significa estar atento às dicas verbais e não-verbais do seu parceiro e estar disposto a ajustar suas ações com base nas necessidades e desejos dele. Significa também respeitar os limites pessoais e emocionais do seu parceiro, e não ultrapassá-los sem o seu consentimento explícito.

Finalmente, é importante reconhecer que respeito e consentimento não são conceitos estáticos, mas evoluem e desenvolvem-se ao longo do tempo. É essencial permanecermos abertos à aprendizagem, ao crescimento e à adaptação nas nossas relações sexuais, e estarmos dispostos a questionar as nossas próprias atitudes, crenças e comportamentos num esforço para criar experiências íntimas que sejam verdadeiramente respeitosas, equitativas e gratificantes para todos.

Assim, práticas sexuais respeitosas e consensuais são essenciais para criar relacionamentos íntimos saudáveis, equilibrados e gratificantes. Ao cultivar o respeito, o consentimento, a comunicação e a sensibilidade às dinâmicas de poder, podemos construir ambientes sexuais que se baseiam no respeito mútuo, na autonomia e na dignidade de cada indivíduo. Em última análise, é honrando o respeito e o consentimento que podemos criar experiências sexuais que sejam verdadeiramente enriquecedoras, gratificantes e respeitadoras da dignidade humana.

39. Explorando as fronteiras do prazer feminino: além dos limites impostos

A busca pelo prazer feminino, embora antiga, muitas vezes permanece desconhecida, ou mesmo dificultada por limites sociais e culturais. Contudo, há um movimento crescente para explorar os limites do prazer feminino, desafiar as normas estabelecidas e abraçar a diversidade das experiências sexuais das mulheres. Neste capítulo, aprofundaremos esta jornada de exploração, examinando as diversas dimensões do prazer feminino, os obstáculos encontrados e os caminhos para ampliar os horizontes da realização sexual das mulheres.

No centro da exploração dos limites do prazer feminino está o reconhecimento da sua diversidade e complexidade. As mulheres são seres sexuais tão variados quanto as flores de um jardim, com uma infinidade de preferências, desejos e reações. No entanto, a sociedade há muito que impõe limites estritos sobre o que deveria ser o prazer feminino, limitando assim a capacidade das mulheres de explorar e vivenciar plenamente a sua própria sexualidade.

Um dos principais limites do prazer feminino reside nas normas e expectativas sociais que cercam a sexualidade das mulheres. Durante gerações, as mulheres foram condicionadas a adotar uma abordagem passiva à sexualidade, onde o seu próprio prazer fica em segundo plano. As mensagens sociais e culturais transmitem frequentemente a ideia de que o prazer feminino é secundário, ou mesmo inexistente, em relação ao dos homens.

Além disso, as representações mediáticas e pornográficas da sexualidade feminina tendem frequentemente a ser distorcidas e irrealistas, criando expectativas irrealistas e pressões sobre as mulheres para alcançarem certos padrões de beleza e desempenho sexual. Esses ideais inatingíveis podem levar a sentimentos de insegurança, ansiedade e vergonha nas mulheres, impedindo-as de explorar plenamente o seu próprio prazer.

No entanto, apesar destes obstáculos, muitas mulheres estão determinadas a explorar os limites do prazer feminino, a desafiar as normas e a reivindicar o seu direito a uma sexualidade plena e autêntica. Para muitos, isso envolve abandonar as expectativas externas e se reconectar com o próprio corpo, desejos e necessidades.

Uma forma de explorar os limites do prazer feminino reside na prática da atenção plena e da exploração sensorial. Ao focar nas sensações físicas e emocionais do momento presente, as mulheres podem aprender a compreender melhor o seu próprio corpo e a reconhecer o que lhes dá prazer. Isso pode envolver a exploração de diferentes técnicas de estimulação, ouvindo as reações do corpo e experimentando novas formas de prazer.

A autonomia sexual também desempenha um papel crucial na exploração dos limites do prazer feminino. As mulheres devem ser encorajadas a reivindicar o seu próprio desejo e prazer, assumir o controlo da sua sexualidade e rejeitar normas e expectativas externas que limitam a sua realização sexual. Isto envolve adotar uma abordagem proativa à sexualidade, onde as mulheres são livres para explorar e expressar a sua própria sexualidade sem medo de julgamento ou repercussões sociais.

A educação sexual também desempenha um papel crucial na exploração dos limites do prazer feminino. É essencial fornecer às mulheres informações precisas, abrangentes e imparciais sobre a sexualidade, bem como ferramentas e recursos para ajudá-las a navegar na sua própria jornada de exploração sexual. Isto pode incluir discussões abertas sobre masturbação, consentimento, saúde sexual e relacionamentos saudáveis, bem como informações sobre diferentes formas de prazer feminino e técnicas de estimulação.

Portanto, explorar os limites do prazer feminino é uma jornada de autodescoberta, empoderamento e libertação. É uma jornada que exige coragem, determinação e compromisso com a verdade de si mesmo. Ao desafiar as normas, rejeitando expectativas externas e reivindicando o seu direito à sexualidade plena, as mulheres podem abrir novos horizontes de prazer, realização e autonomia sexual. E é nesta exploração ousada que reside o verdadeiro poder e beleza do prazer feminino.

40. O parceiro no incentivo ao prazer feminino: um pilar de intimidade e realização

Dentro de qualquer relacionamento íntimo, o papel do parceiro no incentivo ao prazer feminino é de suma importância. Neste capítulo, exploraremos o impacto significativo que a parceria pode ter no bem-estar sexual e emocional da mulher, bem como as formas pelas quais pode ajudar a cultivar uma experiência satisfatória e gratificante para ambos os parceiros.

O parceiro desempenha um papel vital na criação de um ambiente propício ao prazer feminino. Em primeiro lugar, é fundamental que o parceiro adote uma atitude de respeito, compreensão e abertura relativamente à sexualidade feminina. Isto significa reconhecer e valorizar os desejos, necessidades e limites do seu parceiro, e estar disposto a apoiá-los na sua exploração e expressão.

A comunicação é um elemento chave para incentivar o prazer feminino. O parceiro deve encorajar um diálogo aberto e honesto sobre a sexualidade, onde ambos os parceiros se sintam livres para expressar os seus desejos, preocupações e fantasias. A comunicação clara e respeitosa nos permite entender melhor as expectativas de cada pessoa e criar um espaço onde o prazer possa ser explorado com segurança e sem julgamentos.

A escuta ativa é uma habilidade valiosa que um parceiro pode cultivar para estimular o prazer feminino. Isto envolve prestar atenção aos sinais verbais e não-verbais do seu parceiro e responder de maneira empática e atenciosa às suas necessidades e desejos. Ao ouvir as necessidades do parceiro, o parceiro pode criar um clima de confiança e conexão que promove a intimidade e o prazer mútuo.

A empatia também é um elemento importante para estimular o prazer feminino. O parceiro deve esforçar-se por compreender as experiências e perspectivas do seu parceiro e validá-las de todo o coração. Isto pode envolver ser sensível aos desafios e pressões que o parceiro pode enfrentar em relação à sexualidade e oferecer apoio incondicional na sua exploração e realização sexual.

O parceiro também pode desempenhar um papel ativo na exploração e experimentação do prazer feminino. Isso pode incluir encorajá-lo a experimentar novas técnicas de estimulação, explorar novas fantasias e ultrapassar os limites da experiência sexual. Ao estar aberto e receptivo à exploração, o parceiro pode ajudá-lo a descobrir novas fontes de prazer e realização sexual.

Paciência e compreensão são qualidades essenciais que o parceiro pode trazer para o relacionamento. O prazer feminino pode ser complexo e variado e pode exigir tempo, paciência e experimentação para ser totalmente explorado e desfrutado. O parceiro deve estar disposto a ser paciente e acompanhá-lo em sua jornada rumo ao prazer, reconhecendo que a jornada pode ser tão importante quanto o destino.

Finalmente, o parceiro pode desempenhar um papel importante na criação de um ambiente propício ao prazer feminino. Isto pode incluir a criação de um ambiente descontraído e confortável, prestando atenção a detalhes como temperatura, iluminação e música, e praticando consideração e atenção às necessidades do parceiro.

Assim, o parceiro desempenha um papel central no incentivo ao prazer feminino. Ao adotar uma atitude de respeito, comunicação aberta, escuta empática e apoio ativo, o parceiro pode ajudar a criar um ambiente onde o prazer feminino possa florescer e florescer plenamente. Juntos, os parceiros podem explorar os limites do prazer feminino, descobrindo novas dimensões de conexão, intimidade e realização sexual no seu relacionamento.

41. Navegando pela Dinâmica de Poder na Intimidade: Rumo a Relacionamentos Equilibrados e Respeitosos

Em qualquer relacionamento íntimo, seja romântico, amigável ou profissional, a dinâmica de poder pode influenciar profundamente as interações e experiências dos indivíduos envolvidos. Navegar nestas dinâmicas na intimidade torna-se, portanto, essencial para promover relacionamentos equilibrados, respeitosos e gratificantes. Neste capítulo, exploraremos as implicações da dinâmica do poder na intimidade, os desafios que apresentam e as formas como os indivíduos podem enfrentá-los de forma construtiva.

As dinâmicas de poder manifestam-se de diferentes formas na intimidade, muitas vezes moldadas por factores como género, cultura, idade, classe e experiências passadas. Em muitos relacionamentos, pode haver desequilíbrios de poder que resultam desses fatores e que podem ter um impacto significativo na forma como os indivíduos interagem uns com os outros.

Uma das dinâmicas de poder mais comuns na intimidade é a do poder assimétrico, onde um parceiro tem mais poder, influência ou controle do que o outro. Isso pode se manifestar de diversas maneiras, como decisões unilaterais, comportamentos controladores ou abuso de poder emocional ou físico. Estes desequilíbrios podem criar um ambiente tóxico e opressivo que compromete o bem-estar e a autonomia dos indivíduos.

A comunicação desempenha um papel crucial na navegação na dinâmica de poder na intimidade. É essencial que os parceiros se sintam livres para expressar as suas necessidades, limites e preocupações de uma forma aberta e honesta, sem medo de retaliação ou julgamento. A comunicação eficaz ajuda a esclarecer expectativas, resolver conflitos e negociar compromissos de maneira respeitosa e equilibrada.

Empatia e sensibilidade também são habilidades importantes para navegar na dinâmica de poder na intimidade. É essencial que os indivíduos reconheçam e validem as experiências, perspectivas e emoções do seu parceiro, mesmo que sejam diferentes das suas. Ao cultivar uma compreensão empática, os parceiros podem conectar-se e apoiar-se melhor através dos seus desafios e lutas.

A autoconsciência é outro aspecto crucial para navegar na dinâmica de poder na intimidade. É importante que os indivíduos reconheçam os seus próprios privilégios, preconceitos e comportamentos problemáticos e trabalhem activamente para os desafiar e corrigir. Isto envolve estar aberto ao feedback, envolver-se num processo de auto-reflexão e esforçar-se para ser aliados e defensores dos direitos e da dignidade de todos.

A colaboração e a parceria também são elementos-chave na navegação na dinâmica de poder na intimidade. Em vez de procurarem dominar ou controlar os outros, os indivíduos devem procurar cooperar e trabalhar em conjunto para alcançar objectivos comuns e resolver conflitos de forma construtiva. Isto requer um compromisso com a igualdade, a justiça e o respeito mútuo, bem como uma vontade de partilhar o poder e a responsabilidade na relação.

Finalmente, é importante reconhecer que navegar na dinâmica do poder na intimidade é um processo contínuo e em evolução. Os relacionamentos evoluem com o tempo, assim como a dinâmica de poder por trás deles. É, portanto, essencial que os indivíduos permaneçam abertos à aprendizagem, ao crescimento e à adaptação, e que estejam dispostos a questionar e ajustar os seus comportamentos e atitudes com o objectivo de promover relações equilibradas e saudáveis.

Assim, navegar na dinâmica de poder na intimidade é um desafio complexo, mas essencial para a construção de relacionamentos saudáveis e gratificantes. Ao cultivar a comunicação, a empatia, a autoconsciência, a colaboração e a parceria, os indivíduos podem trabalhar em conjunto para criar um ambiente onde o respeito, a igualdade e a dignidade sejam valorizados e protegidos. E é neste ambiente que os relacionamentos íntimos podem realmente florescer e florescer.

42.Desenvolva uma sexualidade saudável e satisfatória: cultive a intimidade e o bem-estar sexual

A sexualidade humana é um aspecto fundamental da nossa experiência, moldando os nossos relacionamentos, a nossa identidade e o nosso bem-estar geral. No entanto, a sociedade moderna está frequentemente repleta de mensagens contraditórias, tabus e estigmas em torno da sexualidade, o que pode dificultar o desenvolvimento de uma sexualidade saudável e satisfatória. Neste capítulo, exploraremos os elementos-chave que contribuem para uma sexualidade saudável e satisfatória, bem como as formas pelas quais os indivíduos podem cultivar uma relação positiva com a sua própria sexualidade.

A sexualidade saudável e satisfatória baseia-se em vários pilares fundamentais, incluindo comunicação aberta e honesta, respeito mútuo, consentimento informado, exploração consensual e autocompreensão.

A comunicação desempenha um papel central no desenvolvimento de uma sexualidade saudável. É essencial que os parceiros se sintam livres para expressar os seus desejos, limites e preocupações relativamente à sexualidade, sem medo de julgamento ou rejeição. A comunicação aberta promove a compreensão mútua, fortalece a ligação emocional e permite que os conflitos sejam resolvidos de forma construtiva.

O respeito mútuo é outro elemento crucial da sexualidade saudável. Isto envolve reconhecer o valor, a autonomia e a dignidade de cada indivíduo, bem como respeitar as suas escolhas, limites e preferências sexuais. O respeito mútuo cria um ambiente onde todos se sentem seguros e valorizados na sua expressão sexual.

O consentimento informado é um princípio fundamental de qualquer interação sexual saudável e satisfatória. Consentimento significa dar um acordo voluntário, consciente e entusiástico à atividade sexual, e pode ser revogado a qualquer momento se uma pessoa se sentir desconfortável ou sem vontade de continuar. O consentimento informado garante que todas as interações sexuais sejam baseadas no respeito, na confiança e no bem-estar de todos os participantes.

A exploração consensual é uma parte fundamental do desenvolvimento de uma sexualidade saudável. Isto significa estar aberto a explorar novas experiências, novas técnicas e novas formas de prazer sexual, respeitando os limites e preferências de cada pessoa. A exploração consensual permite que os indivíduos alarguem os seus horizontes sexuais, descubram novas fontes de prazer e realização e fortaleçam a sua ligação emocional com o parceiro.

A autocompreensão é um aspecto fundamental para o desenvolvimento de uma sexualidade saudável e satisfatória. Isto envolve explorar os próprios desejos, fantasias, limites e valores em relação à sexualidade, bem como compreender as influências sociais, culturais e pessoais que moldam as nossas atitudes e comportamentos sexuais. A autocompreensão permite que os indivíduos sejam mais autênticos na sua expressão sexual, tomem decisões informadas e comuniquem eficazmente com os seus parceiros.

Para cultivar uma sexualidade saudável e satisfatória, também é importante cuidar da sua saúde sexual e física. Isto inclui práticas de segurança sexual, como o uso de preservativos e planeamento familiar, bem como visitas regulares ao prestador de cuidados de saúde para exames e cuidados preventivos. Cuidar da sua saúde sexual ajuda a reduzir o risco de doenças sexualmente transmissíveis, gravidez indesejada e outros problemas de saúde sexual.

Finalmente, é essencial reconhecer que o desenvolvimento de uma sexualidade saudável e satisfatória é um processo contínuo e em evolução. Não existe um modelo único de sexualidade saudável e cada indivíduo é único nas suas necessidades, desejos e preferências sexuais. É importante estar aberto para aprender, explorar e crescer ao longo da nossa jornada sexual, e trabalhar ativamente para criar relações sexuais que sejam respeitosas, satisfatórias e enriquecedoras para todos os participantes.

Assim, desenvolver uma sexualidade saudável e satisfatória é uma jornada pessoal e interpessoal que requer tempo, reflexão e compromisso. Ao cultivar a comunicação, o respeito mútuo, o consentimento informado, a exploração consensual, a autocompreensão e o cuidado com a saúde sexual, os indivíduos podem criar relações sexuais satisfatórias, satisfatórias e plenamente realizadas. E é neste espaço de conexão, prazer e crescimento que reside a verdadeira magia da sexualidade humana.

43. A Arte do Pós-Sexo: Cultivando a Conexão Pós-Prazer

Na esfera da intimidade, o pós-sexo é muitas vezes esquecido ou considerado uma fase menor da experiência sexual. No entanto, a arte do pós-sexo é muito mais do que isso: é um momento valioso para cultivar a ligação emocional, fortalecer os laços emocionais e promover uma sensação de satisfação e bem-estar mútuo. Neste capítulo, exploraremos a importância do pós-sexo, suas dimensões emocionais e as maneiras pelas quais os indivíduos podem transformá-lo em uma experiência enriquecedora e significativa.

O pós-sexo é muito mais do que uma simples transição entre a atividade sexual e as atividades diárias. É um espaço de vulnerabilidade, intimidade e partilha que permite aos parceiros reconectar-se a nível emocional e consolidar o seu vínculo emocional. O pós-sexo oferece uma oportunidade única de comunicação, apoio mútuo e fortalecimento da conexão entre parceiros.

Uma das dimensões essenciais do pós-sexo é a comunicação. Este é o momento em que os parceiros podem expressar os seus sentimentos, desejos e necessidades de forma aberta e honesta. Isto pode envolver partilhar pensamentos sobre a experiência sexual, discutir o que foi agradável ou menos agradável e expressar gratidão ou preocupações. A comunicação autêntica e respeitosa promove a compreensão mútua e fortalece o vínculo emocional entre os parceiros.

O pós-sexo também oferece uma oportunidade valiosa para se reconectar no nível físico. É o momento ideal para trocar gestos ternos, carícias e abraços que reforçam o sentimento de proximidade e bem-estar mútuo. Essas expressões físicas de afeto promovem a liberação de oxitocina, o hormônio do vínculo, que fortalece os laços emocionais e reduz o estresse e a ansiedade.

Além de fortalecer a conexão emocional e física, o pós-sexo também é um momento de reflexão e introspecção. Este é o momento em que os indivíduos podem reservar um tempo para reorientar, relaxar e saborear as sensações e emoções que surgem da experiência sexual. Isso pode envolver praticar a atenção plena, respirar profundamente e concentrar-se nas sensações de prazer que perduram após o orgasmo.

A arte do pós-sexo também reside na capacidade de estar presente e atento às necessidades do seu parceiro. Isso significa estar atento aos sinais verbais e não-verbais do seu parceiro e responder a eles com sensibilidade e compaixão. Isso pode envolver fornecer um espaço seguro para o parceiro expressar suas emoções, preocupações e desejos sem medo de julgamento ou rejeição.

O pós-sexo também pode ser um momento para explorar novas formas de intimidade e conexão. Isso pode incluir práticas como tomar banho juntos, compartilhar uma refeição ou até mesmo meditar em conjunto. Estas atividades reforçam o sentimento de proximidade e cumplicidade entre parceiros, e promovem um sentimento de bem-estar e satisfação mútua.

Em última análise, a arte do pós-sexo reside na capacidade de reconhecer e apreciar a beleza e a profundidade da experiência partilhada. Este é o momento em que os indivíduos podem expressar gratidão pela ligação partilhada, pela confiança e intimidade partilhadas e pelos momentos de alegria e prazer vividos juntos. Essa atitude de gratidão fortalece o vínculo entre os parceiros e nutre uma cultura de positividade e gentileza no relacionamento.

Assim, a arte do pós-sexo é uma parte essencial de qualquer experiência sexual satisfatória e enriquecedora. É um momento para cultivar a conexão emocional, fortalecer os laços emocionais e saborear os prazeres simples da intimidade compartilhada. Ao prestar muita atenção à comunicação, ternura, reflexão e gratidão, os indivíduos podem transformar o pós-sexo numa experiência significativa e profundamente gratificante que enriquece o seu relacionamento e nutre o seu bem-estar emocional.

44. Liberdade Sexual e Expressão Pessoal: Navegando pelas Complexidades da Intimidade Moderna

A liberdade sexual e a expressão pessoal são componentes essenciais da vida moderna. Refletem a capacidade dos indivíduos de explorar a sua sexualidade, expressar os seus desejos e estabelecer ligações autênticas com os outros. Neste capítulo, examinaremos os meandros da liberdade sexual e da expressão pessoal, os desafios que apresentam e a sua importância no contexto da intimidade contemporânea.

A liberdade sexual pode ser definida como a capacidade dos indivíduos de tomarem decisões autónomas relativamente à sua própria sexualidade, sem constrangimentos externos ou opressão. Isto inclui o direito de escolher os seus parceiros, as suas práticas sexuais e as suas identidades sexuais e de género. A liberdade sexual reconhece a diversidade das experiências sexuais humanas e valoriza o consentimento, o respeito e a autonomia individual.

A expressão pessoal, por outro lado, refere-se à capacidade dos indivíduos de expressar abertamente a sua identidade, emoções e desejos de forma autêntica. Isto pode incluir a forma como os indivíduos escolhem apresentar-se e comunicar a sua sexualidade, seja através da sua aparência, comportamento ou linguagem. A expressão pessoal permite que os indivíduos se sintam livres para serem eles mesmos e vivenciarem a sua sexualidade de uma forma autêntica e gratificante.

No entanto, a liberdade sexual e a auto-expressão nem sempre são fáceis de alcançar na sociedade moderna. As pressões sociais, as normas culturais e os estigmas persistentes em torno da sexualidade podem limitar a liberdade e a expressão dos indivíduos, levando-os a conformar-se com expectativas sociais estreitas ou a ocultar as suas verdadeiras identidades.

As normas de género desempenham um papel particularmente importante na forma como a liberdade sexual e a expressão pessoal são percebidas e reguladas. As expectativas sociais tradicionais atribuem frequentemente a homens e mulheres papéis e comportamentos sexuais específicos, limitando a sua liberdade de escolha e a capacidade de expressarem a sua sexualidade de forma autêntica.

Por exemplo, os homens são frequentemente encorajados a envolver-se em comportamentos sexuais agressivos e dominantes, enquanto se espera que as mulheres sejam passivas e reservadas. Estas expectativas restritivas podem limitar a liberdade sexual dos indivíduos e impedi-los de explorar plenamente a sua identidade e desejos sexuais.

Da mesma forma, os estigmas que cercam a sexualidade não convencional, como a homossexualidade, a bissexualidade e a não-binária, podem limitar a capacidade dos indivíduos de expressarem a sua identidade sexual de forma aberta e honesta. O medo da discriminação, da rejeição social e da violência pode levar as pessoas a esconder as suas verdadeiras identidades e a viver na clandestinidade, comprometendo o seu bem-estar emocional e a realização pessoal.

No entanto, apesar destes desafios, a liberdade sexual e a expressão pessoal continuam a ser ideais importantes a perseguir. São essenciais para promover o bem-estar individual, fortalecer as relações íntimas e promover uma sociedade mais inclusiva e igualitária. Ao encorajar a diversidade e valorizar a autonomia individual, a liberdade sexual e a expressão pessoal podem criar um ambiente onde todos se sintam livres para serem eles próprios e experienciarem a sua sexualidade de uma forma autêntica e gratificante.

Para promover a liberdade sexual e a auto-expressão, é essencial desafiar as normas sociais restritivas e promover uma cultura de respeito, aceitação e diversidade. Isto pode envolver a sensibilização do público, a educação sexual inclusiva e o combate à discriminação e aos preconceitos relacionados com a sexualidade.

Portanto, a liberdade sexual e a expressão pessoal são valores fundamentais que merecem ser defendidos e promovidos na nossa sociedade moderna. Ao reconhecer e respeitar a diversidade das experiências sexuais humanas, podemos criar um ambiente onde todos se sintam livres para explorar, expressar e viver a sua sexualidade de forma autêntica e satisfatória. E é neste espaço de liberdade e aceitação que reside o potencial para relacionamentos íntimos mais profundos, mais significativos e mais enriquecedores.

45. Conecte-se à Fonte do Prazer: Corpo e Espírito

Na busca pelo prazer, tanto físico como mental, muitas vezes procuramos explorar os limites do nosso ser, para descobrir os mistérios que residem tanto no nosso corpo como na nossa mente. Conectar-se à fonte do prazer envolve uma exploração profunda e intencional destes dois aspectos do nosso ser, reconhecendo e honrando a complexa sinergia entre o físico e o mental.

O corpo, como templo da experiência sensorial, é o principal veículo através do qual experimentamos prazer. Cada célula, cada fibra, é um receptor de sensações, capaz de perceber e responder aos estímulos que nos rodeiam. Conectar-se à fonte do prazer físico envolve ouvir atentamente os sinais que o nosso corpo nos envia, responder às suas necessidades e cultivar com ele uma relação de confiança e respeito.

A exploração do prazer físico começa com a consciência do nosso próprio corpo, dos seus contornos, das suas texturas, dos seus movimentos. Isto significa mergulhar na sensação crua da experiência sensorial, abandonar julgamentos e expectativas e abrir-se totalmente à riqueza das sensações que emergem. Seja através do tato, do paladar, do olfato, da audição ou da visão, cada sentido nos oferece uma porta de entrada para um mundo infinito de prazer e descoberta.

No entanto, a ligação ao prazer físico vai além da simples procura de sensações agradáveis. É uma viagem de exploração e transformação, que nos convida a transcender os limites do nosso próprio conforto e a aventurar-nos em territórios desconhecidos. Isso pode significar experimentar novas formas de movimento, toque, alimentação ou explorar práticas como ioga, dança ou meditação.

A chave para se conectar com a fonte do prazer físico está na atenção plena e na aceitação incondicional da experiência presente. Isso significa estar plenamente presente em nosso corpo, sem julgamentos ou críticas, e acolher cada sensação com curiosidade e gentileza. É neste espaço de presença radical que o verdadeiro potencial do prazer físico pode ser plenamente realizado.

No entanto, o prazer não se limita à nossa experiência física. Está também profundamente enraizado no nosso estado de espírito, nos pensamentos, emoções e percepções que habitam o nosso mundo interior. Conectar-se à fonte do prazer mental envolve uma exploração igualmente profunda e intencional da nossa paisagem emocional e psicológica, reconhecendo e honrando as nuances complexas que residem nas profundezas do nosso ser.

O prazer mental emerge da capacidade de cultivar estados mentais positivos, como gratidão, compaixão, alegria e serenidade. Isto significa cultivar uma atitude de abertura e receptividade perante a vida, abraçando os desafios e as provações como oportunidades de aprendizagem e crescimento. Implica também cultivar relações harmoniosas e enriquecedoras com os outros, nutrindo laços de amor, confiança e apoio mútuo.

A exploração do prazer mental vai além da simples busca por sensações agradáveis. É uma viagem de autodescoberta, que nos convida a mergulhar nas profundezas do nosso próprio ser e a explorar os aspectos mais íntimos da nossa identidade. Isto pode significar enfrentar os nossos medos e inseguranças, reconhecendo e honrando as partes de nós mesmos que tendemos a evitar ou rejeitar.

A chave para nos conectarmos à fonte do prazer mental está na atenção plena e na aceitação incondicional de nossa própria experiência interior. Isto significa estar totalmente presentes nos nossos pensamentos, emoções e percepções, sem julgamento ou crítica, e acolher todos os aspectos do nosso ser com amor e compaixão. É neste espaço de presença radical que o verdadeiro potencial do prazer mental pode ser plenamente realizado.

Assim, conectar-se à fonte do prazer envolve uma exploração profunda e intencional de todo o nosso ser, reconhecendo e honrando a complexa sinergia entre o físico e o mental. É uma jornada

46. Exercício físico para uma saúde sexual ideal: cultivando o bem-estar total

Na busca por uma vida equilibrada e plena, a saúde sexual desempenha um papel essencial. E entre as muitas práticas e hábitos de vida que influenciam o nosso bem-estar sexual, o exercício físico ocupa um lugar especial. Na verdade, o exercício regular não só contribui para a saúde física, mas também pode ter efeitos benéficos na nossa saúde sexual, vitalidade e bem-estar geral. Neste capítulo, exploraremos a ligação entre o exercício físico e a saúde sexual ideal, destacando os benefícios, mecanismos e melhores práticas para integrar a atividade física na nossa vida diária.

Para compreender o impacto do exercício na saúde sexual, é importante reconhecer as múltiplas formas como a atividade física afeta os nossos corpos e mentes. Primeiro, o exercício regular promove o fluxo sanguíneo e melhora a saúde cardiovascular, o que pode ter efeitos positivos na função erétil nos homens e na lubrificação vaginal nas mulheres. Ao promover um melhor fluxo sanguíneo por todo o corpo, o exercício ajuda a otimizar as respostas fisiológicas subjacentes à excitação sexual e ao desempenho sexual.

Além disso, o exercício está intimamente ligado à redução do estresse e da ansiedade, dois fatores que muitas vezes podem interferir na função sexual e no desejo sexual. Quando nos exercitamos, nosso corpo libera endorfinas, neurotransmissores que atuam como analgésicos e antidepressivos naturais, ajudando-nos a nos sentirmos mais relaxados, calmos e felizes. Ao reduzir o estresse e a ansiedade, o exercício pode promover uma mentalidade positiva e aberta que conduz a uma vida sexual plena e satisfatória.

Além disso, o exercício físico regular está associado a uma melhor autoestima e a uma imagem corporal mais positiva, dois aspectos que estão intimamente ligados à saúde sexual e ao bem-estar sexual. Quando cuidamos do nosso corpo através do exercício, desenvolvemos uma maior autoconfiança e uma melhor ligação com o nosso corpo, o que pode traduzir-se numa maior satisfação sexual e abertura ao amor.

Além disso, o exercício também pode melhorar a nossa energia e resistência, dois elementos-chave para uma vida sexual plena e satisfatória. Ao desenvolver a nossa resistência cardiorrespiratória e melhorar a nossa força muscular, o exercício ajuda-nos a manter níveis óptimos de energia e a prolongar o nosso desempenho físico, o que pode traduzir-se em experiências sexuais mais satisfatórias e gratificantes para nós e para os nossos parceiros.

Para integrar o exercício físico na nossa vida quotidiana de forma eficaz e sustentável, é importante escolher atividades que gostemos e que correspondam aos nossos interesses, estilo de vida e objetivos pessoais. Quer seja caminhada, corrida, natação, ciclismo, ioga ou dança, há uma infinidade de opções de exercícios para escolher, cada uma oferecendo seus próprios benefícios e prazeres. A chave é encontrar uma atividade que nos motive e inspire, e praticá-la regularmente como parte de um programa de exercícios equilibrado e adaptado às nossas necessidades individuais.

Assim, o exercício físico desempenha um papel essencial na promoção da saúde sexual ideal e do bem-estar geral. Ao promover uma melhor circulação sanguínea, reduzir o stress e a ansiedade, melhorar a auto-estima e a imagem corporal e aumentar a nossa energia e resistência, o exercício ajuda a criar um ambiente propício a uma vida saudável, a uma sexualidade realizada, satisfatória e gratificante. Ao integrar o exercício nas nossas vidas diárias de forma intencional e regular, podemos cultivar o bem-estar físico, mental e sexual de que necessitamos para viver uma vida plena e satisfatória.

47. Responsabilidade e Consentimento nas Relações Sexuais: Construindo Bases de Respeito e Igualdade

Nas interações humanas, particularmente na área das relações sexuais, a responsabilidade e o consentimento desempenham papéis fundamentais no estabelecimento de interações saudáveis, respeitosas e igualitárias. Estes dois princípios estão no cerne do respeito pelos outros, da integridade pessoal e da construção de relações baseadas na confiança e no respeito mútuo. Neste capítulo, abordaremos a importância da responsabilidade e do consentimento nas relações sexuais, os desafios que enfrentamos e as formas pelas quais podemos promover uma cultura de respeito e dignidade nas nossas interações íntimas.

A responsabilidade nas relações sexuais envolve assumir total responsabilidade pelas nossas ações, palavras e comportamentos num contexto sexual. Isto significa reconhecer que temos o poder de decidir as nossas ações e as suas consequências, e que somos responsáveis por considerar as necessidades, desejos e limites do nosso parceiro. A responsabilidade também inclui reconhecer a importância da comunicação aberta e honesta na criação de um espaço seguro e respeitoso para ambos os parceiros.

O consentimento, por outro lado, é a pedra angular de qualquer interação sexual saudável e ética. Isto envolve dar consentimento livre, informado e revogável à atividade sexual ou comportamento íntimo. O consentimento nunca pode ser presumido ou implícito; deve ser claro, específico e dado sem pressão, coerção ou coação. O consentimento deve ser dado em todas as fases da interação sexual e pode ser retirado a qualquer momento se alguma das partes se sentir desconfortável ou não consentir.

A responsabilidade e o consentimento nas relações sexuais baseiam-se em vários princípios fundamentais. Em primeiro lugar, é essencial adotar uma abordagem proativa em relação ao consentimento, procurando ativamente o consentimento do seu parceiro antes de iniciar qualquer atividade sexual. Isso envolve fazer perguntas claras e diretas, ouvir atentamente as respostas do seu parceiro e respeitar seus limites e desejos.

Além disso, é importante reconhecer que o consentimento é revogável a qualquer momento e que todas as pessoas têm o direito de mudar de ideias ou retirar-se de uma situação sexual a qualquer momento, mesmo que o consentimento tenha sido inicialmente dado. Respeitar o não consentimento é essencial para manter a integridade pessoal e emocional de cada indivíduo e para prevenir traumas e lesões emocionais.

A comunicação é um aspecto crucial da responsabilidade e do consentimento nas relações sexuais. É fundamental estabelecer uma comunicação aberta, honesta e respeitosa com seu parceiro, discutindo suas preferências, limites e expectativas antes de qualquer atividade sexual. A comunicação também ajuda a esclarecer mal-entendidos, resolver potenciais conflitos e construir confiança e intimidade entre parceiros.

Outro aspecto importante da responsabilidade e do consentimento nas relações sexuais é considerar a dimensão do poder e da influência. É essencial reconhecer as dinâmicas de poder que podem existir nas relações sexuais e garantir que as interações sexuais ocorrem num contexto de igualdade e respeito mútuo. Isto significa evitar qualquer forma de coerção, manipulação ou abuso de poder e promover relações baseadas no respeito, na dignidade e na igualdade.

No entanto, apesar da importância da responsabilidade e do consentimento nas relações sexuais, persistem muitos desafios. As normas sociais e culturais em torno da sexualidade podem muitas vezes perpetuar conceitos errados sobre consentimento e responsabilidade e encorajar comportamentos prejudiciais e antiéticos. Além disso, os estereótipos de género e as atitudes discriminatórias podem complicar a forma como o consentimento é percebido e abordado nas interações sexuais.

Para promover uma cultura de respeito e dignidade nas nossas interacções íntimas, é essencial educar e aumentar a consciencialização sobre os conceitos de responsabilidade e consentimento, desafiar as normas sociais e culturais que perpetuam comportamentos prejudiciais e "incentivar uma abordagem afirmativa e proactiva para consentimento em todas as interações sexuais.

Portanto, a responsabilidade e o consentimento são elementos essenciais de qualquer relação sexual saudável, ética e respeitosa. Ao reconhecer a importância destes princípios, ao adotar uma abordagem proativa em relação ao consentimento e ao promover uma comunicação aberta e respeitosa com os nossos parceiros, podemos ajudar a criar relações baseadas no respeito mútuo, na integridade pessoal e na igualdade, e a promover uma cultura de respeito e dignidade. em todas as nossas interações íntimas.

48. Equilibrando Independência e Interdependência: Navegando pelas Complexidades das Relações Humanas

Na complexa trama das relações humanas, o equilíbrio entre independência e interdependência é uma noção central que molda a forma como interagimos uns com os outros. Estes dois conceitos, embora por vezes aparentemente contraditórios, são na realidade complementares e essenciais para cultivar relacionamentos saudáveis, gratificantes e duradouros. Vamos explorar a importância de encontrar um equilíbrio entre independência e interdependência, os desafios que isso representa e as formas de cultivar relacionamentos harmoniosos e gratificantes.

A independência é muitas vezes vista como a capacidade de ser autossuficiente, de tomar decisões por si mesmo e de ser autossuficiente na vida diária. É a capacidade de existir como um indivíduo distinto, com suas próprias necessidades, seus próprios desejos e seu próprio caminho de vida. A independência é uma qualidade valiosa que nos permite desenvolver a nossa identidade, concretizar as nossas aspirações pessoais e tomar decisões alinhadas com os nossos valores e aspirações mais profundos.

Por outro lado, a interdependência é a própria estrutura das relações humanas. É o reconhecimento de que estamos todos ligados uns aos outros de uma forma ou de outra, que as nossas ações e decisões impactam os outros e que precisamos uns dos outros para prosperar e evoluir. A interdependência é uma expressão da nossa humanidade partilhada, da nossa capacidade de apoiar uns aos outros, partilhar experiências e criar ligações significativas com os outros.

Encontrar um equilíbrio entre independência e interdependência é um processo delicado que requer profunda introspecção, autocompreensão e comunicação aberta com os outros. Em primeiro lugar, é importante reconhecer que a independência e a interdependência não são mutuamente exclusivas, mas existem simbioticamente nas nossas relações. Ser independente não significa estar isolado ou desligado dos outros; pelo contrário, é o reconhecimento do nosso próprio valor e integridade como indivíduos únicos dentro de uma comunidade mais ampla.

Por outro lado, interdependência não significa ser dependente ou necessitado; pelo contrário, é o reconhecimento de que precisamos uns dos outros para partilhar as nossas alegrias, as nossas tristezas, os nossos sucessos e os nossos desafios. A interdependência permite-nos aproveitar os recursos e o apoio da nossa comunidade, encontrar um sentimento de pertença e ligação e crescer juntos como seres humanos.

Um dos principais desafios para encontrar o equilíbrio entre independência e interdependência é gerir os limites pessoais. É importante estabelecer limites claros e respeitosos nas nossas relações, saber quando dar e quando receber, e respeitar as necessidades e desejos dos outros, mantendo ao mesmo tempo a nossa própria integridade pessoal. Encontrar este equilíbrio muitas vezes requer um trabalho interior profundo, reflexão sobre as nossas próprias necessidades e desejos, e uma comunicação aberta e honesta com os outros.

Outro componente importante para equilibrar a independência e a interdependência é a capacidade de cultivar relações baseadas na confiança, no respeito mútuo e na colaboração. Requer estar aberto à vulnerabilidade, partilhar os nossos pensamentos e sentimentos com os outros e reconhecer que todos temos pontos fortes e fracos, sucessos e fracassos. Ao abraçar a nossa interligação, aprendemos a apoiar-nos uns aos outros nos altos e baixos da vida, a celebrar as nossas diferenças e a crescer juntos como uma comunidade.

Portanto, encontrar um equilíbrio entre independência e interdependência é uma jornada contínua que requer reflexão, compaixão e comunicação aberta. Ao cultivar a nossa própria independência e ao mesmo tempo reconhecer a nossa interdependência com os outros, podemos construir relacionamentos saudáveis, gratificantes e autênticos que enriquecem as nossas vidas e as vidas dos outros. É neste delicado equilíbrio que reside o potencial para criar comunidades resilientes, inclusivas e harmoniosas, onde todos são valorizados e respeitados na sua individualidade e na sua profunda ligação com os outros.

49. Sedução e Antecipação na Intimidade: Cultivando a Magia das Relações Humanas

No complexo cenário das relações humanas, a sedução e a antecipação desempenham um papel vital na criação de laços íntimos e na permissão do florescimento de conexões emocionais. Esses dois elementos constituem os alicerces sobre os quais se constroem relacionamentos amorosos, amizades profundas e interações interpessoais gratificantes. Neste capítulo, exploraremos a importância da sedução e da antecipação na intimidade, seus impactos em nossos relacionamentos e como cultivá-los para enriquecer nossas experiências humanas.

A sedução, muitas vezes associada à arte de encantar e atrair, vai muito além da simples superficialidade. É um jogo sutil e cativante de linguagem corporal, gestos gentis, olhares profundos e palavras doces que cativam a atenção e despertam os sentidos. A sedução é uma dança delicada que explora os limites da atração, expressando o desejo com graça e respeito e celebrando a beleza da conexão humana.

A antecipação, por outro lado, é a deliciosa emoção da espera, a excitação que cresce à medida que imaginamos possibilidades futuras. É a sensação emocionante que antecede o evento, a promessa de um momento mágico que irrompe no ar carregado de eletricidade. A antecipação alimenta nossos sonhos mais profundos, levando-nos a explorar o desconhecido e a abraçar as infinitas possibilidades que estão por trás de cada canto da vida.

Na intimidade, a sedução e a antecipação combinam-se para criar um poderoso elixir de conexão emocional e física. A sedução desperta os nossos sentidos, convida-nos a abandonar-nos à paixão e ao encanto da descoberta do outro. É a linguagem universal do amor e do desejo, uma sinfonia cativante que ressoa nos corações e nas almas daqueles que a ela se abandonam.

A antecipação, por sua vez, alimenta o fogo da paixão, alimenta o desejo e reacende a chama do amor. Esta é a própria essência do jogo do amor, a promessa de aventura que nos espera ao virar da esquina, o convite a mergulhar de cabeça nas profundezas insondáveis do amor e da paixão.

No entanto, a sedução e a antecipação não são simplesmente artifícios corteses ou jogos amorosos. Estão profundamente enraizados na natureza humana, no nosso desejo inato de conexão, proximidade e comunhão com os outros. São a linguagem da alma, o eco dos nossos desejos mais profundos, a dança intemporal do amor que transcende as fronteiras do tempo e do espaço.

Cultivar a sedução e a antecipação em nossos relacionamentos exige uma certa dose de sensibilidade, espontaneidade e presença de espírito. Envolve estar atento às necessidades e desejos dos outros, criar momentos de surpresa e espontaneidade e abraçar a impermanência e a incerteza da vida com graça e mente aberta.

A sedução e a antecipação também são convites para explorar e descobrir a si mesmo e ao outro. Eles nos encorajam a sair da nossa zona de conforto, assumir riscos e abraçar o desconhecido com curiosidade e admiração. São o sopro de vida que anima as nossas relações, que nutre as nossas almas e que ilumina o nosso caminho na tumultuada jornada do amor e da vida.

No entanto, apesar do seu poder e beleza, a sedução e a antecipação têm os seus desafios. Às vezes, eles podem ser mal compreendidos, mal interpretados ou usados de forma manipuladora. É, portanto, importante estarmos conscientes do impacto das nossas ações nos outros, cultivarmos a empatia e a compaixão nas nossas interações e garantirmos que as nossas intenções são sempre guiadas pelo respeito e pela integridade.

Assim, a sedução e a antecipação são elementos essenciais de qualquer relacionamento humano gratificante e enriquecedor. São o sopro de vida que anima as nossas interações, que ilumina os nossos corações e que nutre as nossas almas. Ao cultivar a sedução e a antecipação nas nossas relações, abraçamos a magia do amor, celebramos a beleza da ligação humana e descobrimos a verdadeira essência do que significa estar vivo.

50. Educar e eliminar mitos sobre a sexualidade feminina: rumo a uma visão mais esclarecida e respeitosa

A sexualidade feminina tem sido envolta em mistério, tabus e mitos teimosos que ajudaram a moldar atitudes e percepções em relação a ela. Infelizmente, muitos destes mitos alimentaram conceitos errados e ideias prejudiciais sobre a sexualidade das mulheres, muitas vezes levando a mal-entendidos, estigma e até danos físicos e psicológicos. Aqui veremos a importância de educar e eliminar os mitos sobre a sexualidade feminina, as consequências da sua perpetuação e os caminhos para uma visão mais esclarecida e respeitosa.

Um dos mitos mais difundidos sobre a sexualidade feminina é o da passividade sexual das mulheres. De acordo com esta crença, as mulheres são muitas vezes vistas como parceiras passivas nas relações sexuais, esperando que o seu parceiro masculino tome a iniciativa e controle o curso do acto sexual. Esta percepção reduz a mulher ao papel de receptora de prazer, em vez de parceira ativa e igualitária na experiência sexual.

Outro mito comum é que o orgasmo vaginal é a única forma de satisfação sexual para as mulheres. Este equívoco sugere que o orgasmo vaginal é o auge do prazer feminino e que as mulheres que não conseguem alcançá-lo são de alguma forma incompletas ou disfuncionais. Na realidade, a sexualidade feminina é diversa e complexa, e as mulheres podem experimentar prazer e atingir o orgasmo de múltiplas maneiras, inclusive através da estimulação do clitóris, estimulação da zona erógena e atividades eróticas não genitais.

Outro mito comum é que a libido das mulheres é inferior à dos homens. Este equívoco perpetua a ideia de que as mulheres estão naturalmente menos interessadas em sexo do que os homens e que a sua falta de desejo sexual é anormal ou problemática. Na realidade, a libido feminina pode variar dependendo de uma infinidade de fatores, incluindo contexto de relacionamento, bem-estar emocional, hormônios e experiências de vida individuais.

Estes mitos e muitos outros contribuem para a criação de um ambiente cultural e social em que a sexualidade feminina é muitas vezes incompreendida, estigmatizada e até reprimida. Reforçam normas restritivas de género, perpetuam as desigualdades de poder entre os sexos e limitam a liberdade e autonomia sexual das mulheres. Além disso, podem ter consequências graves para a saúde e o bem-estar das mulheres, incluindo distúrbios sexuais, problemas de saúde mental e experiências traumáticas.

Educar e eliminar mitos sobre a sexualidade feminina é, portanto, essencial para promover uma visão mais esclarecida, respeitosa e inclusiva da sexualidade humana. Isto envolve desafiar crenças pré-concebidas, desafiar normas sociais restritivas e promover a educação sexual baseada em evidências científicas e valores de igualdade e respeito.

É necessária uma abordagem à educação sexual centrada na diversidade e na inclusão para combater os mitos sobre a sexualidade feminina. Isto significa abordar a sexualidade em toda a sua complexidade, reconhecendo a diversidade de experiências sexuais e orientações sexuais e enfatizando o consentimento, o respeito pelos limites pessoais e o prazer mútuo nas relações sexuais.

Além disso, é importante fornecer recursos educativos acessíveis e responsivos que abordem questões da sexualidade feminina de uma forma inclusiva e respeitosa. Isto pode incluir programas de educação sexual nas escolas, recursos online, grupos de apoio comunitário e iniciativas de sensibilização que incentivem o diálogo aberto e honesto sobre a sexualidade.

Por último, é essencial incentivar uma cultura de respeito, autonomia e igualdade em todas as esferas da sociedade, incluindo nos meios de comunicação social, na publicidade, na política e na vida quotidiana. Isto exige desafiar as representações estereotipadas e objectivantes das mulheres nos meios de comunicação social, promover relações igualitárias e consensuais e apoiar os esforços para acabar com a violência sexual e a discriminação baseada no género.

Assim, educar e eliminar mitos sobre a sexualidade feminina é uma parte essencial da promoção da saúde sexual, da autonomia pessoal e da igualdade de género. Isto requer um compromisso contínuo para desafiar as normas sociais restritivas, promovendo uma visão inclusiva da sexualidade humana e apoiando os direitos das mulheres a uma sexualidade plena e respeitada, livre de estigma ou discriminação. Ao abraçar uma visão mais informada e respeitosa da sexualidade feminina, podemos criar um mundo onde todos são livres para explorar, compreender e celebrar a sua própria sexualidade em toda a sua diversidade e riqueza.

51. Práticas Espirituais e Prazer Sexual Feminino: A União da Alma e do Corpo

Na nossa busca pela totalidade e realização, frequentemente exploramos as múltiplas dimensões do nosso ser. Dentre essas dimensões, a espiritualidade e a sexualidade se destacam como pilares fundamentais da experiência humana. Embora tradicionalmente considerados distintos ou mesmo opostos, as práticas espirituais e o prazer sexual feminino podem convergir harmoniosamente, proporcionando um caminho para uma experiência profunda de conexão, transcendência e totalidade. Neste capítulo, exploraremos a intersecção entre as práticas espirituais e o prazer sexual feminino, examinando como estes dois aspectos do nosso ser podem nutrir-se mutuamente e levar-nos a uma compreensão mais profunda de nós mesmos e do mundo que nos rodeia.

A espiritualidade, na sua essência, convida-nos a explorar a nossa natureza mais profunda, a conectar-nos com algo maior do que nós mesmos e a procurar um significado mais profundo na nossa existência. Ele fornece uma estrutura para explorar questões existenciais, valores pessoais e relacionamentos interpessoais. Para muitas pessoas, a espiritualidade é uma jornada interior que as leva a transcender as limitações do ego e a encontrar uma sensação de paz, integridade e conexão com o divino.

Por outro lado, o prazer sexual feminino é uma expressão profundamente terrena e incorporada da nossa humanidade. Celebra a beleza do corpo, a sensualidade dos sentidos e o poder da conexão íntima com o parceiro. O prazer sexual feminino pode assumir muitas formas, desde a ternura e a gentileza até o êxtase apaixonado e o orgasmo transcendental. É tanto físico como emocional, sensorial e espiritual, e abre o caminho para uma exploração profunda de nós mesmos e dos nossos relacionamentos.

À primeira vista, a espiritualidade e a sexualidade podem parecer áreas distintas e por vezes contraditórias da experiência humana. A espiritualidade é frequentemente associada à transcendência, à disciplina e à repressão dos desejos terrenos, enquanto a sexualidade é frequentemente vista como uma força terrena, instintiva e por vezes até profana. No entanto, esta dicotomia entre o espiritual e o sexual é uma construção cultural e social e não uma realidade intrínseca.

Na realidade, as práticas espirituais e o prazer sexual feminino podem nutrir-se e enriquecer-se mutuamente. As tradições espirituais em todo o mundo há muito reconhecem o potencial do prazer sexual como uma forma de transcender as limitações do ego e conectar-se a uma realidade mais ampla. As práticas tântricas da Índia antiga, por exemplo, celebram o corpo como um templo divino e veem o prazer sexual como um caminho para a iluminação espiritual.

Da mesma forma, as práticas espirituais podem enriquecer e aprofundar a nossa experiência do prazer sexual feminino, convidando-nos a estar plenamente presentes no momento, a cultivar a consciência e a abertura, e a honrar a beleza e a divindade dos nossos próprios corpos. Meditação, oração, ioga e outras práticas espirituais podem ajudar-nos a conectar-nos mais profundamente com a nossa própria essência, dissolver as barreiras do medo e da vergonha e abrir os nossos corações e mentes para a experiência do prazer e da conexão.

A integração de práticas espirituais e do prazer sexual feminino também pode ajudar-nos a transcender os padrões de pensamento limitados e o condicionamento cultural que muitas vezes dificultam a nossa capacidade de vivenciar plenamente a nossa sexualidade. Ao convidar-nos a explorar a nossa sexualidade com uma atitude de curiosidade, aceitação e não julgamento, as práticas espirituais podem libertar-nos das expectativas externas e permitir-nos acolher a nossa própria experiência com amor e compaixão.

No entanto, é importante reconhecer que explorar a espiritualidade feminina e o prazer sexual pode ser uma jornada complexa e por vezes difícil. Podemos encontrar resistência interna e obstáculos externos que desafiam as nossas crenças e valores mais profundos. Podemos enfrentar vergonha, culpa e outras emoções difíceis relacionadas à nossa sexualidade. Mas é precisamente nestes momentos de desafio que reside o potencial de crescimento, cura e transformação.

Assim, a intersecção entre as práticas espirituais e o prazer sexual feminino oferece um caminho rico e profundo para a realização pessoal e a conexão espiritual. Ao nos convidar a abraçar plenamente a nossa humanidade, sensualidade e divindade, estas práticas permitem-nos encontrar a paz, a totalidade e a ligação que todos procuramos. Seja através da meditação silenciosa, do êxtase do prazer carnal, ou de momentos de intimidade partilhada com um ente querido, podemos encontrar o caminho para a unidade da alma e do corpo, e para uma vida repleta de beleza, alegria e amor.

52. Liberdade de exploração sexual sem julgamento: rumo a uma sociedade esclarecida e inclusiva

Nas nossas sociedades, a sexualidade continua frequentemente a ser um tema delicado, por vezes até tabu, rodeado de normas sociais rigorosas e de julgamentos morais. No entanto, a sexualidade é uma dimensão essencial da experiência humana, uma fonte de prazer, ligação e auto-exploração. Aqui, exploraremos a importância da liberdade de exploração sexual sem julgamento, os desafios que dificultam esta liberdade e os caminhos para uma sociedade mais esclarecida e inclusiva, onde todos possam viver a sua sexualidade de forma livre e autêntica.

A liberdade de exploração sexual sem julgamento é uma noção fundamental que reconhece o direito de cada indivíduo de explorar a sua sexualidade, desejos e preferências sem medo de estigma ou repressão. Isto significa que todos devem ter o direito de escolher livremente os seus parceiros, as suas práticas sexuais e o seu estilo de vida, sem serem julgados ou discriminados com base nas suas escolhas.

No entanto, em muitas sociedades, a sexualidade ainda é largamente regulada por normas sociais rígidas e expectativas culturais restritivas. Os indivíduos podem sentir-se pressionados a conformar-se a padrões pré-estabelecidos de comportamento sexual, o que pode resultar na supressão dos seus desejos e na auto-expressão autêntica. O medo do julgamento social também pode impedir os indivíduos de explorarem plenamente a sua sexualidade, privando-os de uma importante fonte de alegria, descoberta e realização pessoal.

Noções de vergonha e culpa rodeiam frequentemente a sexualidade, especialmente quando esta foge às normas tradicionais ou é considerada não convencional. Os indivíduos podem internalizar esses sentimentos negativos, o que pode ter impactos profundos no seu bem-estar emocional e na sua autoestima. A estigmatização social das orientações sexuais não heterossexuais, das práticas sexuais alternativas e das identidades de género não conformes cria um clima de opressão e discriminação que limita a liberdade e a autonomia dos indivíduos na sua expressão sexual.

No entanto, a liberdade de exploração sexual sem julgamento é essencial para promover relacionamentos saudáveis, igualitários e gratificantes. Quando os indivíduos são livres para explorar a sua sexualidade com segurança e sem medo de julgamento, são mais propensos a formar relacionamentos íntimos e autênticos, a comunicar abertamente com os seus parceiros e a tomar decisões informadas sobre a sua saúde sexual e reprodutiva.

Além disso, a liberdade sexual sem julgamento também promove a diversidade e a inclusão na sociedade. Ao reconhecer e celebrar a pluralidade de experiências sexuais e identidades de género, criamos um ambiente onde todos podem sentir-se aceites, respeitados e valorizados por quem são. Promove também a criação de comunidades mais solidárias e empáticas, onde as diferenças são celebradas e a diversidade é vista como fonte de riqueza e força.

Para promover a exploração sexual sem julgamento, é essencial sensibilizar e educar o público sobre as diferentes formas de sexualidade, orientações sexuais e identidades de género. Programas de educação sexual inclusivos e holísticos podem desempenhar um papel crucial na promoção de uma cultura de respeito, aceitação e consentimento mútuo. Estes programas devem abordar questões de diversidade sexual, consentimento informado, prevenção de infecções sexualmente transmissíveis e saúde reprodutiva, incentivando ao mesmo tempo o diálogo aberto e honesto sobre a sexualidade.

Os meios de comunicação social e a cultura popular também têm um papel importante a desempenhar na promoção da exploração sexual sem julgamentos. Ao representarem uma gama diversificada de perspectivas e experiências sexuais, podem ajudar a desconstruir estereótipos e preconceitos que cercam a sexualidade. Ao destacar histórias autênticas e inclusivas, podem ajudar a normalizar diferentes formas de expressão sexual e promover uma visão mais aberta e inclusiva da sexualidade.

A liberdade de exploração sexual sem julgamento é, portanto, um elemento essencial de uma sociedade esclarecida e inclusiva. Ao reconhecer e respeitar a diversidade de experiências sexuais e identidades de género, podemos criar um ambiente onde todos possam viver a sua sexualidade de forma livre, segura e autêntica. Requer um compromisso colectivo para desafiar normas sociais restritivas, promover a igualdade de direitos e cultivar uma cultura de respeito, aceitação e empatia para com todos os indivíduos, independentemente da sua orientação sexual, identidade de género ou das suas práticas sexuais. Ao abraçar a diversidade e celebrar a pluralidade das experiências humanas, podemos criar um mundo onde todos possam florescer plenamente na sua sexualidade e viver uma vida repleta de alegria, ligação e liberdade.

53. Despertar Sensual: Sensibilidade aos Prazeres do Corpo

Nas nossas vidas ocupadas e muitas vezes caóticas, somos frequentemente apanhados num turbilhão de responsabilidades, compromissos e preocupações diárias. Neste tumulto incessante, é fácil perder o contacto com o nosso próprio corpo, negligenciar as suas necessidades, os seus desejos e as suas sensações. Contudo, o despertar sensual oferece um caminho para a redescoberta e celebração da riqueza dos prazeres do corpo. Neste capítulo, veremos a importância do despertar sensual, os benefícios que ele pode trazer ao nosso bem-estar físico e emocional e as maneiras pelas quais podemos cultivar uma maior sensibilidade aos prazeres do corpo.

O despertar sensual é uma viagem interior que nos convida a explorar as sensações, texturas e nuances da nossa experiência corporal. É um ato de atenção consciente que nos permite reconectar-nos com os prazeres simples e profundos da existência humana. Ao desenvolver a sensibilidade aos prazeres do corpo, ampliamos a nossa capacidade de sentir a alegria, a plenitude e a vitalidade que emanam do nosso ser físico.

Um dos aspectos essenciais do despertar sensual é a prática da atenção plena. Mindfulness é estar totalmente presente e atento à experiência do momento presente, sem julgamento ou expectativa. Ao cultivar a atenção plena em nossas vidas diárias, aprendemos a desacelerar, respirar e ouvir nosso corpo e suas necessidades. Tornamo-nos conscientes das sensações físicas, emoções e pensamentos que passam pela nossa mente e aprendemos a cumprimentá-los com compaixão e aceitação.

A respiração consciente é uma parte central da prática da atenção plena. Ao nos tornarmos conscientes de nossa respiração, nos ancoramos no momento presente e nos conectamos ao nosso corpo. A respiração consciente nos ajuda a acalmar nossas mentes inquietas, reduzir o estresse e a ansiedade e criar espaço interior para presença e abertura.

O despertar sensual também envolve a exploração consciente das sensações físicas que habitam nosso corpo. Isto pode assumir várias formas, como meditação guiada, ioga, massagem terapêutica, dança expressiva e outras práticas corporais que promovam a consciência e a conexão com a nossa essência física. Estas práticas permitem-nos explorar a infinita gama de sensações que habitam o nosso corpo, desde delicados formigueiros até ondas de prazer extático.

Ouvir nosso corpo é um aspecto essencial do despertar sensual. Muitas vezes, ignoramos os sinais sutis que nosso corpo nos envia, preferindo, em vez disso, seguir os ditames de nossa mente racional ou de pressões sociais externas. Porém, nosso corpo é uma fonte inesgotável de sabedoria e orientação, informando-nos sobre nossas necessidades, nossos desejos e nossos limites. Ao prestar atenção às sensações corporais, aprendemos a honrar o nosso corpo como um templo sagrado, a dar-lhe o respeito e a atenção que merece.

Outro componente importante do despertar sensual é a conexão com outras pessoas. A sensualidade não é apenas uma experiência individual, é também uma experiência compartilhada que encontra expressão nas relações humanas. Ao cultivar relacionamentos autênticos e estimulantes com outras pessoas, temos a oportunidade de explorar a sensualidade num contexto seguro e atencioso. A comunicação aberta e honesta, o respeito pelos limites pessoais e o consentimento mútuo são elementos essenciais de qualquer interação sensual e erótica.

O despertar sensual oferece muitos benefícios para o nosso bem-estar físico, emocional e espiritual. A nível físico, pode melhorar a circulação sanguínea, reduzir a tensão muscular, fortalecer o sistema imunitário e promover um sono reparador. Emocionalmente, pode reduzir o stress, a ansiedade e a depressão, promover uma sensação de bem-estar e alegria e fortalecer a nossa ligação connosco próprios e com os outros. A nível espiritual, pode ajudar-nos a cultivar um sentido de presença e ligação com algo maior do que nós, seja a natureza, o universo ou a fonte de toda a criação.

O despertar sensual é, portanto, um caminho para a redescoberta e celebração dos prazeres do corpo. Ao cultivar uma maior sensibilidade às sensações físicas, praticar a atenção plena e honrar o nosso corpo como um templo sagrado, podemos enriquecer a nossa experiência de vida e encontrar uma fonte infinita de alegria, plenitude e conexão. Ao abraçar o despertar sensual, abraçamos todo o nosso ser e abrimos a porta para um mundo de infinitas possibilidades onde cada momento é uma oportunidade para celebrar a beleza e a graça da existência humana.

54. Benefícios do sexo regular: uma exploração da saúde e do bem-estar

O sexo é uma parte importante da vida humana, oferecendo muito mais do que apenas prazer físico. Além da intimidade e da conexão emocional que proporciona, o sexo regular tem sido associado a muitos benefícios para a saúde física, emocional e relacional. Aqui, exploraremos esses benefícios em profundidade, demonstrando como a atividade sexual regular pode contribuir para o bem-estar geral e para uma melhor qualidade de vida.

Em primeiro lugar, o sexo regular é benéfico para a saúde física. Na frente cardiovascular, estudos demonstraram que a atividade sexual regular está associada a um risco reduzido de doenças cardíacas. O sexo pode atuar como um exercício moderado, aumentando o fluxo sanguíneo, fortalecendo o coração e melhorando a saúde cardiovascular geral. Além disso, estudos sugeriram que a relação sexual pode fortalecer o sistema imunológico, aumentando os níveis de anticorpos e reduzindo a suscetibilidade a infecções.

Além disso, o sexo regular pode ter efeitos positivos na saúde mental e emocional. A atividade sexual desencadeia a liberação de endorfinas, dopamina e oxitocina, hormônios associados ao bem-estar, felicidade e alívio do estresse. Esta liberação de hormônios pode reduzir os níveis do hormônio do estresse cortisol e promover sentimentos de calma, relaxamento e contentamento. Além disso, o sexo pode fortalecer o vínculo emocional entre os parceiros, promovendo uma sensação de segurança, intimidade e conexão.

No nível do relacionamento, o sexo regular pode aumentar a satisfação geral no relacionamento. Compartilhar intimidade física com um parceiro pode fortalecer os laços emocionais e construir confiança mútua. Casais que mantêm uma vida sexual ativa costumam ter relacionamentos mais fortes, mais satisfatórios e mais duradouros. Além disso, a comunicação aberta e honesta que muitas vezes acompanha uma vida sexual satisfatória pode ajudar a resolver conflitos, construir a compreensão mútua e promover uma melhor comunicação no relacionamento.

Além disso, o sexo regular pode trazer benefícios para a saúde reprodutiva. Nas mulheres, a atividade sexual regular pode ajudar a regular os ciclos menstruais, reduzir as cólicas menstruais e melhorar a lubrificação vaginal. Nos homens, ereções regulares podem ajudar a manter a saúde do tecido erétil e reduzir o risco de disfunção erétil à medida que envelhecem. Além disso, o sexo regular pode aumentar a fertilidade em casais que desejam engravidar.

É importante ressaltar que os benefícios do sexo regular não se limitam aos aspectos físicos e emocionais. Uma vida sexual satisfatória também pode contribuir para a autoestima, autoconfiança e satisfação pessoal. Expressar a sexualidade de uma forma saudável e consensual pode aumentar os sentimentos de sensualidade e identidade pessoal, levando a uma maior auto-aceitação e satisfação com a vida.

No entanto, também é importante reconhecer que o sexo regular não é o único caminho para o bem-estar emocional e relacional. Cada indivíduo tem necessidades e preferências diferentes quando se trata de sexualidade, e o importante é encontrar o que funciona melhor para você e seu parceiro. A qualidade do sexo é muitas vezes mais importante do que a quantidade e é essencial que os parceiros se sintam confortáveis, respeitados e ouvidos nas suas vidas sexuais.

Em última análise, o sexo regular oferece muitos benefícios para a saúde física, emocional e relacional. Ao promover a ligação íntima, fortalecer os laços emocionais e promover o bem-estar geral, podem contribuir para uma vida mais plena e satisfatória. No entanto, é importante lembrar que a sexualidade é uma experiência pessoal e que todos têm o direito de vivenciar a sua sexualidade da forma que melhor lhes convier, com respeito por si e pelo seu parceiro.

55. Desconstruindo Modelos de Beleza e Atração: Por uma Visão Mais Inclusiva e Autêntica

Nas nossas sociedades contemporâneas, os padrões de beleza e atratividade exercem uma influência poderosa na forma como percebemos a nós mesmos e aos outros. Estes padrões, muitas vezes ditados pelos meios de comunicação social, pela publicidade e pela cultura popular, tendem a promover um ideal estético estreito e irrealista, criando assim pressões sociais e expectativas irrealistas. Aqui, exploraremos a importância de desconstruir modelos de beleza e atração, as consequências de perpetuá-los e os caminhos para uma visão de beleza mais inclusiva e autêntica.

Primeiro, é essencial reconhecer que os padrões de beleza e atratividade são socialmente construídos e culturalmente determinados. Variam de uma sociedade para outra, de uma época para outra, e são muitas vezes um reflexo de valores e ideais dominantes. Esses padrões muitas vezes são baseados em critérios superficiais como aparência física, peso, cor da pele, altura, formato corporal e outras características externas, e tendem a favorecer um ideal de beleza homogêneo e exclusivo.

Estes padrões de beleza e atração têm consequências profundas e por vezes prejudiciais para a nossa autoestima, saúde mental e bem-estar emocional. Ao promoverem um ideal estético inatingível, geram sentimentos de insegurança, inadequação e autocrítica naqueles que não cumprem esses padrões. Isto pode levar a distúrbios alimentares, distúrbios de imagem corporal, ansiedade social e diminuição da auto-estima, contribuindo para um sentimento geral de mal-estar e descontentamento na nossa relação com o nosso corpo e com a nossa aparência.

Além disso, os padrões de beleza e atratividade podem perpetuar formas insidiosas de discriminação e exclusão. Promovem frequentemente um ideal de beleza eurocêntrico e ocidental, que marginaliza e invisibiliza pessoas pertencentes a grupos étnicos minoritários, culturas não ocidentais ou identidades de género não conformes. Isto cria um clima de opressão e discriminação, onde algumas pessoas são sistematicamente privilegiadas e valorizadas em detrimento de outras, reforçando assim as desigualdades sociais e as injustiças estruturais.

Para desconstruir modelos de beleza e atração, é essencial adotar uma abordagem holística e inclusiva da beleza.

Isto envolve reconhecer e celebrar a diversidade de formas, tamanhos, cores e identidades corporais, bem como a pluralidade de experiências e expressões de beleza. A beleza não deve ser definida exclusivamente por critérios estéticos superficiais, mas sim por valores como autenticidade, compaixão, força interior, resiliência e diversidade.

Além disso, é crucial desafiar as representações estereotipadas e prejudiciais da beleza e da atratividade nos meios de comunicação, na publicidade e na cultura popular. Isto envolve a promoção de imagens corporais realistas, diversas e inclusivas, que reflitam a riqueza e a complexidade da diversidade humana. É importante destacar histórias e representações que celebram a beleza em todas as suas formas e manifestações, e que desafiam padrões de beleza rígidos e excludentes.

Finalmente, a desconstrução de modelos de beleza e atracção requer um compromisso colectivo para a criação de espaços seguros e inclusivos onde todos se sintam valorizados, respeitados e aceites por quem são. Isto envolve promover uma cultura de respeito, bondade e aceitação, onde a diversidade é celebrada e as diferenças são vistas como fonte de riqueza e força. Exige também abordar formas de discriminação e marginalização baseadas na aparência física, peso, cor da pele, identidade de género e outras características externas.

No geral, desconstruir modelos de beleza e atração é um processo essencial para promover uma visão de beleza mais inclusiva e autêntica. Isto envolve desafiar padrões estéticos irrealistas e excludentes, celebrar a diversidade e pluralidade de formas de beleza e criar espaços onde todos se sintam valorizados e aceitos por quem são. Ao abraçar a diversidade e rejeitar padrões de beleza restritivos, podemos criar um mundo onde todos se sintam livres para serem autênticos, confiantes e orgulhosos da sua beleza única.

56. Educação sexual positiva e inclusiva: promovendo o bem-estar e a igualdade

A educação sexual é muito mais do que apenas instrução em biologia da reprodução. É um campo amplo e crucial que abrange a compreensão das relações, do consentimento, da saúde reprodutiva, da identidade de género, da orientação sexual e do prazer sexual. A educação sexual positiva e inclusiva vai além dos estereótipos e tabus para fornecer aos indivíduos os conhecimentos, competências e atitudes necessárias para tomar decisões informadas, promover a saúde e o bem-estar e construir relações respeitosas e igualitárias.

Primeiro, a educação sexual positiva e inclusiva reconhece a sexualidade como uma parte natural e normal da experiência humana. Celebra a diversidade de expressões sexuais e identidades de género e reconhece que todos têm o direito de explorar, compreender e viver a sua sexualidade de uma forma autêntica e gratificante. Ao desconstruir normas e expectativas sociais restritivas, promove um clima de respeito, aceitação e tolerância relativamente à diversidade sexual e de género.

Além disso, a educação sexual positiva e inclusiva baseia-se em princípios de igualdade, justiça e direitos humanos. Reconhece que o acesso a uma educação sexual abrangente e de qualidade é um direito fundamental de todos, independentemente da idade, sexo, orientação sexual, identidade de género, origem étnica ou estatuto socioeconómico. Pretende preencher lacunas nos conhecimentos e competências em saúde sexual, reduzir as desigualdades na saúde e promover a autonomia e a emancipação dos indivíduos nas suas vidas sexuais e relacionais.

A educação sexual positiva e inclusiva também se baseia em princípios de respeito pelo consentimento, confidencialidade e segurança. Ensina os indivíduos a reconhecer e respeitar os limites pessoais e os dos outros, a comunicar de uma forma aberta e respeitosa e a tomar decisões informadas e responsáveis relativamente à sua saúde e sexualidade. Também incentiva o desenvolvimento de competências em gestão de riscos, resolução de conflitos e proteção contra abuso, violência e exploração sexual.

Além disso, a educação sexual positiva e inclusiva aborda as dimensões emocionais, relacionais e sociais da sexualidade. Fornece aos indivíduos as ferramentas para compreender e navegar pelas complexidades das relações interpessoais, para reconhecer os sinais de relacionamentos saudáveis e abusivos e para desenvolver habilidades de comunicação, negociação e resolução de conflitos. Também incentiva a reflexão crítica sobre as normas sociais e as representações mediáticas da sexualidade, e promove modelos de relações igualitárias, respeitosas e consensuais.

Finalmente, a educação sexual positiva e inclusiva reconhece a importância do prazer sexual e da intimidade na vida humana. Incentiva uma abordagem holística e positiva do prazer sexual, que reconhece a diversidade de preferências, desejos e experiências sexuais, e que valoriza o bem-estar emocional, físico e psicológico dos indivíduos. Ensina os indivíduos a explorar e expressar a sua sexualidade de forma segura, consensual e satisfatória, e a desenvolver atitudes positivas em relação ao corpo, à sexualidade e à intimidade.

Portanto, a educação sexual positiva e inclusiva é um elemento essencial do desenvolvimento humano e da promoção da saúde e do bem-estar. Fornece aos indivíduos o conhecimento, as habilidades e as atitudes necessárias para tomar decisões informadas, promover relacionamentos respeitosos e igualitários e experimentar uma sexualidade satisfatória e gratificante. Ao investir numa educação em sexualidade de qualidade, baseada em valores de inclusão, igualdade e respeito pelos direitos humanos, podemos criar um mundo onde todos tenham a oportunidade de vivenciar a sua sexualidade de uma forma segura, saudável e gratificante.

57. Práticas sexuais ecologicamente corretas: cultivando o erotismo ecológico

Na nossa busca por viver de forma mais sustentável e respeitosa com o planeta, é importante examinar todos os aspectos das nossas vidas, incluindo a nossa sexualidade. As práticas sexuais, muitas vezes negligenciadas nas discussões sobre ecologia, podem ter um impacto significativo no meio ambiente. Neste capítulo, visitaremos os princípios e práticas da sexualidade ecologicamente correta e como podemos integrar esses valores em nossos relacionamentos íntimos para criar um erotismo mais ecologicamente correto.

Primeiro, é importante reconhecer que as nossas escolhas em relação à sexualidade têm impacto no ambiente. Desde a produção de preservativos de látex até lubrificantes à base de óleo de palma, muitos produtos utilizados em práticas sexuais podem ter consequências prejudiciais nos ecossistemas e comunidades locais. Portanto, a consciência da pegada ecológica das nossas atividades sexuais é essencial para adotarmos comportamentos mais sustentáveis.

Uma prática sexual amiga do ambiente começa com o consumo responsável de produtos sexuais. Isto significa escolher preservativos de látex natural ou alternativas biodegradáveis, utilizar lubrificantes à base de água em vez de produtos à base de petróleo ou óleo de palma e optar por brinquedos sexuais feitos de materiais sustentáveis e não tóxicos. Ao dar prioridade a opções ecológicas e éticas, podemos reduzir a nossa pegada de carbono e promover uma indústria do sexo mais sustentável.

Além disso, a sexualidade amiga do ambiente envolve pensar nos nossos hábitos de consumo e desperdício. Por exemplo, a utilização excessiva de brinquedos sexuais de plástico e de embalagens não recicláveis contribui para a poluição dos oceanos e a degradação ambiental. Ao optar por alternativas sustentáveis e reutilizáveis, como brinquedos feitos de madeira, vidro ou aço inoxidável, e ao limitar a utilização de produtos descartáveis, podemos reduzir o nosso impacto no planeta e promover uma cultura de sustentabilidade nas nossas vidas sexuais.

Além disso, a sexualidade amiga do ambiente pode incluir práticas que promovam a ligação com a natureza e a promoção do bem-estar ecológico. Por exemplo, fazer amor ao ar livre, em locais preservados e ecológicos, pode fortalecer a nossa ligação à terra e ajudar-nos a apreciar a beleza e a diversidade da natureza. Da mesma forma, explorar práticas sexuais inspiradas na natureza, como o tantra ecológico ou o sexo ambientalmente consciente, pode permitir-nos reconectar-nos com o que nos rodeia e honrar a vida em todas as suas formas.

Por fim, a sexualidade ecologicamente correta envolve a reflexão sobre nossos valores e atitudes em relação ao planeta. Isto significa adotar uma abordagem holística à sustentabilidade, que integre considerações ambientais, sociais e económicas nas nossas decisões e comportamentos sexuais. Pode também envolver um compromisso com a justiça ambiental e os direitos das comunidades indígenas, que são muitas vezes as mais afetadas pelas consequências da poluição e da exploração dos recursos naturais.

Assim, a sexualidade amiga do ambiente é uma extensão natural do nosso compromisso com a sustentabilidade e o respeito pelo planeta. Ao adoptar práticas e atitudes que reflectem o nosso compromisso com a protecção ambiental, podemos transformar as nossas relações íntimas em actos de respeito e gratidão pela terra e por todas as formas de vida que nela existem. Cultivando o erotismo ecológico, podemos reencantar a nossa sexualidade e contribuir para a construção de um mundo mais sustentável e equilibrado para as gerações futuras.

58. Conectando-se com a Divindade Feminina através do Ato Sexual: Uma Exploração Espiritual da Sexualidade

O ato sexual, além da sua dimensão física e emocional, também pode ter um profundo significado espiritual. Em muitas tradições e culturas ao redor do mundo, a sexualidade é vista como uma forma de conexão com o divino, particularmente com a divindade feminina, fonte de criatividade, fertilidade e poder. Aqui analisamos como o ato sexual pode ser vivenciado como uma experiência sagrada, um caminho para a comunhão com a divindade feminina e uma celebração da própria vida.

Para muitas culturas antigas, a sexualidade era considerada um ato sagrado, uma forma de celebrar o poder criativo da divindade feminina. Em civilizações como o antigo Egito, a Grécia ou a Índia, as deusas da fertilidade e do amor eram adoradas através de rituais sexuais sagrados, considerados oferendas à deusa e expressões de gratidão pela vida e pela fertilidade da terra. Esses rituais simbolizavam a união entre o divino masculino e feminino, o encontro de polaridades opostas e a fonte de toda a criação.

Hoje, embora as práticas religiosas e espirituais tenham evoluído, muitas pessoas continuam a ver a sexualidade como uma forma de se conectar com o divino e honrar a divindade feminina. Para alguns, a sexualidade sagrada envolve uma maior consciência durante a relação sexual, uma intenção de elevar a energia sexual a planos espirituais mais elevados. Isso pode se manifestar por meio de meditação, visualização ou práticas de respiração consciente, que permitem aos parceiros se conectarem com sua essência divina e fundirem suas energias em um ato de amor sagrado.

A sexualidade sagrada também pode ser vivenciada como uma celebração da beleza e da graça do corpo feminino, uma reverência à força criativa e nutridora da feminilidade. Nas tradições tântricas, por exemplo, a divindade feminina é adorada na forma de Shakti, a energia primordial que anima todo o universo. O ato sexual é visto como uma união mística entre Shiva, o princípio masculino, e Shakti, o princípio feminino, uma dança cósmica de criação e dissolução que transcende os limites do tempo e do espaço.

Para muitos, a exploração da sexualidade sagrada envolve uma libertação do condicionamento social e cultural que muitas vezes reprimiu a sexualidade feminina e restringiu a sua expressão. Isto pode envolver um descondicionamento de ideias pré-concebidas sobre a sexualidade, a libertação de tabus e inibições que impedem a plena expressão da sexualidade feminina. Pode também significar uma reapropriação da sexualidade como um ato de autonomia e emancipação, uma afirmação do poder e da soberania feminina no domínio da intimidade e da sexualidade.

Contudo, é importante notar que a sexualidade sagrada não deve ser confundida com a sexualidade abusiva ou coercitiva. Pelo contrário, baseia-se em princípios de consentimento, respeito e igualdade entre parceiros. Envolve comunicação aberta e honesta, respeito pelos limites pessoais e uma intenção compartilhada de elevar a energia sexual a níveis espirituais mais elevados. Baseia-se no respeito mútuo, na confiança e na profundidade emocional entre os parceiros.

A sexualidade sagrada oferece, portanto, um caminho para a comunhão com a divindade feminina, uma celebração da vida e da criatividade que reside dentro de cada uma de nós. Ela nos convida a explorar a dimensão espiritual da nossa sexualidade, a honrar a beleza e o poder do corpo feminino e a elevar as nossas experiências íntimas a níveis mais elevados de consciência e conexão. Ao abraçar a sexualidade como um ato sagrado, podemos cultivar um relacionamento mais profundo conosco mesmos, com nossos parceiros e com o divino feminino que reside dentro de cada um de nós.

59. Incentivando a exploração sexual sem vergonha: abrindo caminhos para o prazer e a descoberta

A sexualidade humana é uma riqueza infinita de possibilidades, uma fonte inesgotável de prazer e conexão. No entanto, em muitas sociedades, a sexualidade está rodeada de tabus, estigma e vergonha, o que pode dificultar a exploração e a plena expressão da nossa identidade sexual. Exploraremos a importância de encorajar a exploração sexual sem vergonha e como isso pode abrir caminhos para o prazer e a descoberta para indivíduos e casais.

Primeiro, é essencial reconhecer que a sexualidade é uma parte natural e normal da experiência humana. Desde os primeiros estágios de desenvolvimento somos seres sexuais, com necessidades, desejos e curiosidades inerentes à nossa natureza. No entanto, muitas sociedades perpetuam normas e expectativas restritivas em torno da sexualidade, o que pode levar à vergonha e ao julgamento naqueles que se atrevem a explorar para além dos limites estabelecidos.

Incentivar a exploração sexual sem vergonha começa com a desconstrução das mensagens negativas e das crenças limitantes que cercam a sexualidade. Envolve examinar criticamente as normas sociais e culturais que ditam o que é considerado aceitável ou tabu quando se trata de sexualidade. Ao desafiar estas normas e expandir a nossa compreensão da sexualidade, podemos criar um espaço mais inclusivo e atencioso onde todos se sintam livres para explorar e expressar a sua sexualidade sem medo de estigma ou rejeição.

A exploração sexual descarada também requer um diálogo aberto e honesto em torno da sexualidade, tanto nas famílias e nas comunidades, como nas instituições educativas e nos espaços públicos. Isto envolve a criação de ambientes onde os indivíduos se sintam seguros para fazer perguntas, partilhar experiências e procurar informações sobre sexualidade de uma forma livre e sem julgamentos. Ao promover uma cultura de conversação aberta e construtiva, podemos quebrar o silêncio e a vergonha que muitas vezes rodeiam a sexualidade e criar oportunidades de aprendizagem e crescimento para todos.

Além disso, encorajar a exploração sexual sem vergonha significa promover uma educação sexual inclusiva e abrangente, que reconheça a diversidade de orientações sexuais, identidades de género e expressões sexuais. Isto envolve abordar questões de consentimento, prazer e relações saudáveis desde tenra idade, e fornecer aos indivíduos o conhecimento e as competências para tomarem decisões informadas sobre a sua saúde e sexualidade. Ao investir na educação sexual positiva e inclusiva, podemos construir a confiança e a autonomia dos indivíduos nas suas vidas sexuais e relacionais.

Finalmente, encorajar a exploração sexual sem vergonha requer a criação de espaços onde os indivíduos se sintam livres para experimentar e explorar a sua sexualidade de uma forma segura e consensual. Isto pode envolver a implementação de políticas e programas que protejam os direitos e a dignidade dos indivíduos, especialmente das populações marginalizadas e vulneráveis. Pode também significar promover a diversidade e a inclusão nos meios de comunicação social, na cultura popular e nas representações da sexualidade, para que todos se sintam representados e valorizados em todas as suas facetas.

Incentivar a exploração sexual sem vergonha é, portanto, essencial para promover a saúde sexual, o bem-estar e a realização de indivíduos e comunidades. Ao desafiar as normas e expectativas restritivas que muitas vezes rodeiam a sexualidade, podemos criar um mundo onde todos se sintam livres para explorar e expressar a sua sexualidade de formas autênticas e gratificantes. Ao libertar os caminhos do prazer e da descoberta, podemos abrir a porta a novas experiências, novas ligações e novas possibilidades no domínio da sexualidade humana.

60. Práticas para manter uma sexualidade saudável e satisfatória: cultivando a realização íntima

A sexualidade humana é um aspecto fundamental do nosso bem-estar geral. A sexualidade saudável e satisfatória não só contribui para o nosso prazer e realização pessoal, mas também fortalece as nossas relações íntimas e a nossa saúde geral. Neste capítulo, examinaremos diferentes práticas e abordagens que podem nos ajudar a manter uma sexualidade saudável e satisfatória ao longo da vida.

Em primeiro lugar, a comunicação aberta e honesta é essencial para manter uma sexualidade saudável e satisfatória. É importante que os parceiros se sintam à vontade para discutir as suas necessidades, desejos, limites e preocupações sexuais. A comunicação clara e respeitosa ajuda a fortalecer a conexão emocional e a compreensão mútua, o que é essencial para manter um relacionamento íntimo gratificante.

A seguir, é importante cultivar uma conexão emocional e física com seu parceiro. Reservar um tempo para se conectar a nível emocional, para compartilhar momentos de intimidade e ternura, fortalece o vínculo emocional e cria um ambiente propício à satisfação da sexualidade. Além disso, explorar novas experiências sexuais e buscar variedade pode reacender a paixão e manter o entusiasmo no relacionamento.

Outra prática importante para manter uma sexualidade saudável é cuidar da saúde física e mental. O exercício regular, uma dieta equilibrada e o controle do estresse contribuem para uma saúde geral que promove uma sexualidade satisfatória. Também é essencial consultar regularmente o seu médico para exames de saúde abrangentes, para detectar e tratar quaisquer condições médicas que possam afetar a função sexual.

Ao mesmo tempo, uma educação sexual abrangente e contínua é essencial para manter uma sexualidade saudável e satisfatória. É importante manter-se informado sobre as mudanças fisiológicas e emocionais que ocorrem nas diferentes fases da vida, bem como sobre práticas sexuais seguras e respeitosas. Além disso, explorar a própria sexualidade, aprendendo o que te agrada e o que não te agrada, promove melhor autoconhecimento e maior satisfação sexual.

Outra prática fundamental para manter uma sexualidade saudável é reconhecer e tratar os problemas sexuais quando eles surgem. Quer se trate de dificuldades de ereção, distúrbios do desejo sexual, dores durante o sexo ou outros problemas, é importante procurar ajuda de profissionais de saúde qualificados. Terapia individual ou de casal, aconselhamento de saúde sexual e abordagens médicas podem ser úteis para superar barreiras à satisfação da sexualidade.

Além disso, é importante praticar o consentimento e o respeito mútuo em todas as interações sexuais. O consentimento mútuo, dado de forma livre e informada, é essencial para relações sexuais saudáveis e satisfatórias. Também é importante respeitar os limites e preferências do parceiro, reconhecer e responder às suas necessidades e desejos e envolver-se em interações sexuais seguras, consensuais e respeitosas.

Finalmente, é importante lembrar que a sexualidade é parte integrante da nossa identidade humana e que pode evoluir ao longo da nossa vida. Estar aberto à mudança, exploração e adaptação é essencial para manter uma sexualidade saudável e satisfatória em cada etapa do caminho. Ao abraçar a diversidade e a riqueza da experiência sexual humana, podemos cultivar uma sexualidade que é ao mesmo tempo gratificante, gratificante e significativa.

Manter uma sexualidade saudável e satisfatória é, portanto, um processo contínuo que requer compromisso, comunicação e abertura. Cultivando relações íntimas baseadas no respeito e compreensão mútuos, cuidando da nossa saúde física e mental, procurando ajuda quando necessário e explorando a nossa sexualidade de uma forma informada e respeitosa, podemos nutrir uma sexualidade que enriquece as nossas vidas e fortalece os nossos laços com outros.

61. A Arte da Sedução: Criando uma Atmosfera de Desejo

A sedução é uma arte sutil, uma dança delicada entre dois indivíduos que desperta o desejo e cria uma atmosfera carregada de tensão sexual. É uma forma de expressão humana que transcende palavras e gestos, que brinca com os sentidos e cativa a imaginação. Neste capítulo visitaremos a essência da arte da sedução e como criar uma atmosfera de desejo que acenda os sentidos e desperte a paixão.

A sedução começa com a conexão, uma conexão profunda que vai além das aparências físicas e das primeiras impressões. É a capacidade de compreender e sentir a outra pessoa, de estar atento aos seus desejos e emoções, de criar uma ligação emocional autêntica. A verdadeira sedução baseia-se na autenticidade e na escuta atenta, na capacidade de estar presente e engajado no momento presente.

Uma das chaves da arte da sedução é a autoconfiança. A confiança atrai naturalmente a atenção e cria uma aura magnética que atrai outras pessoas. Porém, a verdadeira autoconfiança não vem da arrogância ou do egocentrismo, mas do autoconhecimento e da autoaceitação. É a capacidade de se sentir confortável consigo mesmo, abraçar suas qualidades únicas e expressar sua autenticidade sem medo ou hesitação.

A comunicação também é um elemento essencial da arte da sedução. A comunicação não-verbal, em particular, desempenha um papel crucial na criação de uma atmosfera de desejo. Linguagem corporal, expressões faciais, gestos sutis – tudo isso contribui para a química e a conexão entre duas pessoas. Um olhar intenso, um sorriso sugestivo, um toque leve – são esses pequenos detalhes que alimentam o fogo da sedução e criam uma tensão elétrica entre os parceiros.

A sensualidade é outro aspecto importante da arte da sedução. A sensualidade é uma celebração dos sentidos, uma exploração dos prazeres sensoriais que desperta o ardor do desejo. Pode assumir muitas formas – música assustadora, um perfume inebriante, uma textura requintada. Ao cultivar uma apreciação consciente dos prazeres sensoriais, criamos um espaço onde o desejo pode florescer e florescer.

A imaginação também desempenha um papel fundamental na arte da sedução. A imaginação é o terreno fértil onde nascem as fantasias e desejos mais profundos. É a capacidade de sonhar, de explorar mundos interiores secretos, de criar cenários eróticos que alimentam o fogo da paixão. Ao estimular a imaginação, abrimos a porta à aventura e à emoção, à descoberta de novos territórios de prazer e desejo.

Finalmente, a arte da sedução envolve um senso de brincadeira e aventura. É a capacidade de se divertir, de flertar, de provocar, de criar uma tensão lúdica que torna a interação excitante e cativante. É o desejo de explorar o desconhecido, de ultrapassar limites, de assumir riscos calculados na busca pelo prazer e pela realização.

A arte da sedução é, portanto, uma dança cativante que alimenta o desejo e desperta a paixão. É uma mistura sutil de conexão emocional, autoconfiança, comunicação não-verbal, sensualidade, imaginação e diversão. Ao cultivar essas qualidades e abraçar a essência da sedução, cria-se uma atmosfera de desejo que encanta os sentidos e convida à aventura. É neste espaço mágico de sedução que nascem as mais cativantes e cativantes histórias de amor, onde o fogo da paixão arde sempre brilhante e vibrante.

62. Superando as barreiras da vergonha em torno do prazer feminino: liberando a realização íntima

A vergonha em relação ao prazer feminino é um fenômeno profundamente enraizado em muitas culturas e sociedades ao redor do mundo. Durante séculos, as mulheres foram condicionadas a ver a sua sexualidade como tabu, vergonhosa e muitas vezes sujeita a julgamento e repressão. Analisaremos as origens da vergonha em torno do prazer feminino, os seus efeitos devastadores na saúde sexual das mulheres, bem como as formas de superá-la para desbloquear a realização íntima.

A vergonha em relação ao prazer feminino tem as suas raízes numa mistura complexa de normas sociais, tradições religiosas, estereótipos culturais e pressões sociais. Durante séculos, as mulheres foram forçadas a conformar-se com ideais de pureza, modéstia e contenção sexual, enquanto a sexualidade masculina foi frequentemente glorificada e valorizada. Este duplo padrão criou um clima de vergonha e culpa em torno do desejo e do prazer feminino que ainda persiste hoje.

A mídia, a cultura popular e as representações sociais também desempenharam um papel importante na perpetuação da vergonha em torno do prazer feminino. As imagens sexualizadas e muitas vezes irrealistas da feminilidade apresentadas nos meios de comunicação social ajudaram a criar expectativas irrealistas e padrões inatingíveis para as mulheres, fazendo-as sentir vergonha dos seus corpos, dos seus desejos e dos seus prazeres sexuais.

A vergonha em relação ao prazer feminino tem consequências profundas e prejudiciais para a saúde sexual das mulheres. Pode levar à supressão de desejos e fantasias, diminuição da satisfação sexual, dificuldades nos relacionamentos íntimos e deterioração da autoestima e da autoconfiança. A vergonha também pode contribuir para problemas de disfunção sexual, como dispareunia, anorgasmia e vaginismo, que podem ter um impacto significativo na qualidade de vida das mulheres.

Superar as barreiras da vergonha em torno do prazer feminino requer um esforço consciente para desafiar as normas sociais e as crenças culturais que sustentam esta vergonha. Começa com um exame crítico das mensagens e expectativas que nos são transmitidas sobre a sexualidade feminina, bem como com o reconhecimento do profundo impacto que estas mensagens podem ter no nosso bem-estar emocional e físico.

A educação desempenha um papel crucial no processo de superação da vergonha em torno do prazer feminino. É essencial fornecer às mulheres informações precisas e factuais sobre a sexualidade feminina, incluindo a anatomia, a fisiologia e o funcionamento do prazer feminino. A educação sexual inclusiva e positiva pode ajudar as mulheres a desenvolver uma compreensão saudável dos seus corpos e sexualidade, e a sentirem-se mais confortáveis para explorar e expressar os seus desejos e prazeres.

A comunicação aberta e honesta também é essencial para superar a vergonha em relação ao prazer feminino. As mulheres devem sentir-se livres para falar abertamente sobre as suas necessidades, desejos e preocupações sexuais, tanto com os seus parceiros como com os profissionais de saúde. Criar um espaço seguro e respeitoso onde as mulheres possam expressar os seus sentimentos e experiências sem medo de julgamento é essencial para promover uma saúde sexual positiva e satisfatória.

O empoderamento das mulheres desempenha um papel crucial no combate à vergonha em torno do prazer feminino. Ao encorajar as mulheres a recuperarem o seu próprio prazer sexual e bem-estar, podemos ajudar a derrubar as normas sociais e a criar um ambiente mais favorável à realização íntima. Isto pode envolver a exploração de práticas de autocuidado, como a masturbação e a exploração dos próprios desejos e fantasias, bem como a adesão a padrões pessoais de prazer e bem-estar.

Superar as barreiras da vergonha em torno do prazer feminino é, portanto, essencial para promover uma saúde sexual positiva e satisfatória para as mulheres. Isto requer um esforço consciente para desafiar as normas sociais e culturais que sustentam esta vergonha, bem como encorajar a comunicação aberta, a educação inclusiva e o empoderamento das mulheres na sua própria sexualidade. Ao trabalharmos juntos para criar um mundo onde o prazer feminino seja celebrado e valorizado, podemos ajudar as mulheres a desbloquear a sua realização íntima e a viver vidas sexuais satisfatórias e gratificantes.

63. Superando Bloqueios Psicológicos para o Prazer Total: Libertando as Correntes da Mente

Quando se trata de alcançar o prazer total nas nossas experiências sexuais e íntimas, muitas vezes podem surgir obstáculos psicológicos no nosso caminho, dificultando a nossa capacidade de nos entregarmos totalmente ao prazer e à satisfação. Esses bloqueios, que podem ser resultado de crenças limitantes, traumas passados ou normas sociais internalizadas, podem inibir nossa capacidade de sentir prazer, de nos conectarmos com nossos parceiros e de prosperar em nossas vidas sexuais e emocionais. Neste capítulo analisaremos as diferentes formas de bloqueios psicológicos que podem afetar a nossa experiência de prazer, as razões pelas quais se manifestam, bem como estratégias para superá-los e alcançar um estado de prazer total e liberado.

Os bloqueios psicológicos podem assumir muitas formas, desde culpa e vergonha associadas à sexualidade, ansiedade de desempenho e autojulgamento, até traumas emocionais e experiências passadas dolorosas. Esses bloqueios podem estar profundamente enraizados em nossa psique, muitas vezes inconscientes e difíceis de identificar. Podem ser o resultado de mensagens negativas internalizadas sobre a sexualidade, traumas ou abusos passados, ou normas sociais restritivas que nos foram impostas pela sociedade.

A culpa e a vergonha relacionadas à sexualidade estão entre os bloqueios psicológicos mais difundidos e perniciosos. Muitas pessoas foram condicionadas a ver a sexualidade como algo vergonhoso ou tabu, o que pode levar a sentimentos de culpa e autojulgamento quando se trata de explorar e desfrutar do seu próprio prazer. Estes sentimentos podem ser exacerbados por normas culturais restritivas e expectativas irrealistas sobre a sexualidade, que impõem ideais de pureza e modéstia aos indivíduos.

A ansiedade de desempenho é outro bloqueio psicológico comum que pode dificultar a nossa capacidade de sentir prazer e de nos conectarmos com os nossos parceiros de forma autêntica. A ansiedade de desempenho muitas vezes se manifesta como o medo de não corresponder às expectativas dos outros, de não ser capaz de satisfazer o parceiro ou de não ter um desempenho sexual suficiente. Essa pressão autoinfligida pode levar à inibição do desejo, à dificuldade de relaxar e se desapegar e à diminuição da satisfação sexual.

Traumas emocionais e experiências passadas dolorosas também podem criar bloqueios psicológicos que afetam nossa capacidade de sentir prazer e de nos conectar com nossos parceiros. Traumas sexuais, abusos emocionais ou físicos, ou mesmo experiências de rejeição ou humilhação podem deixar cicatrizes profundas na nossa psique, criando barreiras à intimidade e à confiança. Esses traumas não resolvidos podem se manifestar como ansiedade, depressão, baixa autoestima ou dificuldades de relacionamento, os quais podem afetar nossa capacidade de sentir prazer e realização em nossas vidas sexuais.

Para superar os bloqueios psicológicos e alcançar o prazer total, é importante começar pela consciência e exploração dos nossos próprios padrões de pensamento e comportamento. Isto pode envolver uma autorreflexão honesta, um exame das crenças e atitudes subjacentes aos nossos bloqueios e uma abertura para explorar as nossas experiências passadas e as suas implicações para a nossa vida sexual e emocional.

A terapia também pode ser uma ferramenta valiosa para superar bloqueios psicológicos e curar traumas emocionais. Um terapeuta qualificado pode ajudar a identificar padrões destrutivos de pensamento e comportamento, explorar as causas subjacentes dos bloqueios psicológicos e desenvolver estratégias para superá-los. A terapia pode oferecer um espaço seguro e sem julgamento para explorar tópicos delicados e difíceis e fornecer apoio e orientação para cura e reconstrução.

Praticar a atenção plena e a meditação também pode ser benéfico para superar bloqueios psicológicos e alcançar um estado de prazer total e liberado. A atenção plena nos permite cultivar uma consciência profunda de nossas sensações, emoções e pensamentos, e desenvolver uma aceitação incondicional de nós mesmos e de nossas experiências. Pode nos ajudar a abandonar padrões de pensamento negativos e comportamentos autodestrutivos e a nos abrir para a experiência de prazer e satisfação.

Superar bloqueios psicológicos para alcançar o prazer total é, portanto, um processo complexo e muitas vezes difícil, mas essencial para o nosso bem-estar sexual e emocional. Requer consciência, compromisso com a autoexploração e cura e, muitas vezes, o apoio de um profissional treinado. Ao trabalhar para superar os nossos bloqueios psicológicos, podemos libertar as nossas mentes das cadeias da vergonha, da culpa e do medo, e abrir-nos à realização íntima e ao prazer total.

64. Prazer Feminino como Prioridade: Guia para Realização

Numa sociedade onde as normas e expectativas em torno da sexualidade têm sido frequentemente ditadas pelas perspectivas masculinas, é imperativo reconhecer e valorizar o prazer feminino como uma prioridade fundamental. Durante demasiado tempo, as mulheres foram relegadas ao papel de receptoras passivas do prazer sexual, tendo os seus desejos e necessidades sido sufocados ou ignorados. Contudo, chegou o momento de mudar este paradigma, de colocar o prazer feminino no centro da conversa sobre sexualidade e de explorar os caminhos para a realização íntima de forma inclusiva e esclarecida.

Para compreender plenamente a importância do prazer feminino como prioridade, é essencial reconhecer as muitas formas como este tem sido historicamente marginalizado ou negligenciado. Em muitas culturas e sociedades, a sexualidade feminina tem sido estigmatizada, reprimida ou objectificada, criando um clima de vergonha e silêncio em torno dos desejos e prazeres das mulheres. Os tabus sociais e religiosos muitas vezes sufocaram a discussão sobre a sexualidade feminina, relegando as mulheres a um papel subordinado nas interações sexuais.

No entanto, o prazer feminino não é apenas legítimo, mas também essencial para a realização e enriquecimento da sexualidade. Quando as mulheres podem explorar e expressar plenamente o seu prazer, não só podem desfrutar de sensações físicas intensas, mas também podem fortalecer a sua autoestima, a ligação com o corpo e o bem-estar emocional. O prazer feminino não é apenas um luxo ou um acessório, mas um aspecto fundamental da saúde e da felicidade da mulher.

O caminho para a realização sexual feminina começa com uma mudança de mentalidade e de cultura. É hora de rejeitar as normas restritivas e as expectativas irrealistas que há muito sufocam o prazer feminino e substituí-las por uma abordagem mais inclusiva e respeitosa da sexualidade. Isto envolve reconhecer que o prazer feminino assume muitas formas e pode ser alcançado de diferentes maneiras, dependendo das preferências individuais e das necessidades únicas de cada mulher.

Uma parte integrante da promoção do prazer feminino como prioridade é acabar com o estigma e a vergonha que o rodeiam. É hora de abrir um diálogo franco e honesto sobre a sexualidade feminina, de quebrar os tabus e os silêncios que há muito sufocam a discussão. Isto requer uma educação em sexualidade inclusiva e positiva, que reconheça a diversidade das experiências sexuais e valorize o consentimento, o prazer e o respeito mútuo.

Promover o prazer feminino como prioridade também envolve reconhecer e abordar as desigualdades de género que persistem em muitos aspectos da sociedade. Normas de género rígidas e expectativas sexistas podem limitar a capacidade das mulheres de explorarem a sua sexualidade de forma livre e realizada, forçando-as a conformar-se com papéis e comportamentos predeterminados. Ao desafiar estas normas e ao defender a igualdade de género, podemos criar um ambiente mais propício à realização sexual das mulheres.

Outro passo essencial na promoção do prazer feminino é incentivar a autonomia e o empoderamento das mulheres nas suas relações sexuais e íntimas. Isto inclui reconhecer que as mulheres têm o direito de tomar decisões autónomas sobre os seus próprios corpos e sexualidade, e que o seu prazer e satisfação devem ser considerados prioridades iguais em qualquer interacção sexual.

Promover o prazer feminino como prioridade não é apenas um imperativo moral, mas também um imperativo de saúde pública e de justiça social. Ao reconhecer e valorizar o prazer feminino, podemos ajudar a criar um mundo onde as mulheres se sintam livres para explorar e expressar a sua sexualidade de forma autêntica e realizada. Isto requer uma mudança de mentalidade, uma educação sexual inclusiva e positiva, bem como uma luta contínua contra as desigualdades de género e as normas restritivas que dificultam a liberdade e a autonomia das mulheres. Ao colocar o prazer feminino no centro da conversa sobre sexualidade, podemos preparar o caminho para uma vida sexual mais satisfatória, mais enriquecedora e mais igualitária para todas as mulheres.

Concluir:

Num mundo onde a sexualidade feminina tem sido muitas vezes relegada para segundo plano, "Prazer Feminino Absoluto: Guia Definitivo para Ele" é um farol que ilumina o caminho para uma nova era de satisfação e realização sexual para as mulheres. Este livro pretende revolucionar a nossa compreensão e prática da sexualidade, colocando o prazer feminino no centro da experiência íntima.

Através de suas páginas, exploramos as complexas reviravoltas do corpo, da mente e da alma femininas, desconstruindo os mitos e tabus que há muito tempo impedem a plena expressão do prazer feminino. Abraçamos a diversidade de desejos, preferências e experiências sexuais, reconhecendo que cada mulher é uma exploradora única do seu próprio prazer.

Este guia não é apenas um manual prático, mas um manifesto para a mudança social e cultural. Desafiámos normas restritivas e expectativas ultrapassadas que sufocaram a sexualidade feminina, defendendo uma abordagem mais aberta, inclusiva e respeitosa da sexualidade.

Ao enfatizar a autonomia, o consentimento e o respeito mútuo, traçamos um novo caminho para a realização e recompensa da intimidade. Encorajámos as mulheres a reivindicar o seu direito ao prazer, a florescer na sua sexualidade e a abraçar o seu poder erótico com confiança e segurança.

Através do Prazer Feminino Absoluto, abrimos caminho para uma exploração ousada da sensualidade e do prazer feminino, desafiando as convenções e preconceitos que durante muito tempo limitaram o potencial das mulheres no campo da sexualidade.

Concluindo, que este livro sirva de farol para todas as mulheres em busca de prazer e realização. Que os seus ensinamentos iluminem o caminho para uma sexualidade mais livre, mais plena e mais autêntica para todas aquelas que se atrevem a aventurar-se nas profundezas do prazer feminino. Porque, em última análise, o caminho para o prazer total começa com o reconhecimento e a celebração do poder e da beleza únicos da sexualidade feminina.

www.ingramcontent.com/pod-product-compliance
Lightning Source LLC
Chambersburg PA
CBHW050835260726

48660CB00006B/2246